智元微库
OPEN MIND

成 长 也 是 一 种 美 好

用证据说话

民事证据的原理与运用

张卫平—————— 著

人民邮电出版社

北京

图书在版编目（ＣＩＰ）数据

用证据说话：民事证据的原理与运用 / 张卫平著
. -- 北京：人民邮电出版社，2024.6
ISBN 978-7-115-62469-7

Ⅰ. ①用… Ⅱ. ①张… Ⅲ. ①民事诉讼－证据－研究
－中国 Ⅳ. ①D925.113.4

中国国家版本馆CIP数据核字(2023)第150079号

◆ 著　张卫平
　　责任编辑　黄琳佳
　　责任印制　周昇亮
◆ 人民邮电出版社出版发行　　北京市丰台区成寿寺路11号
　　邮编 100164　　电子邮件 315@ptpress.com.cn
　　网址 https://www.ptpress.com.cn
　　天津千鹤文化传播有限公司印刷
◆ 开本：700×1000　1/16
　　印张：17.25　　　　　　　　2024 年 6 月第 1 版
　　字数：250 千字　　　　　　2024 年 6 月天津第 1 次印刷

定　价：79.80 元

读者服务热线：（010）67630125　印装质量热线：（010）81055316
反盗版热线：（010）81055315
广告经营许可证：京东市监广登字 20170147 号

　　关于民事证据法，我写过一本书，目的是让人们了解民事证据法中的原理、理论，那本书主要用于教学。一些从事法律实务的人认为，那本书理论性比较强，不适合在具体实践中使用。

　　的确，理论研究与实务操作有诸多不同。理论研究需要深究制度的原理，揭示概念的含义、来源，对原理和概念的缘起、发展需要有详尽的考证，对前人所做的研究也要予以概括，指出其研究的成果和学术贡献，否则就不符合学术规范要求，不尊重前人或他人的学术研究，如此，将不利于学术的发展。实务操作虽然也需要理解制度的原理、法律概念的含义，但不需要更多的考证分析，尤其是关于制度和法律概念的演变考证分析。同时，实务操作需要注意某些法律技术应用的细节，仅仅有理论不行，还需要有一个环节将理论实务化。目前我国在这方面相对还比较弱，裁判说理也还要有一个不断提高的过程。

　　有鉴于此，一些实务工作者，尤其律师希望我写一本能够适用于实务的民事证据法方面的书，我也看到过市面上一些面向证据运用实践的书，但感觉有的书在理论与实践的结合上还是做得不够，基本还是将法律和司法解释中的内容进行重述，有的书在理论上还存在误读的情形。由此，我也觉得应该写一本这样的书。这样的书也可以为裁判说理提供更多的理论支持。写这样的书，我的短处在于对证据法的实践运用还是缺乏切身的体会和了解，好在有律师愿意与我合作，可以为本书在理论与实践结合或转化方面做一些工作，同时我也可以比较方便地理解实务操作的实际需要，以及在实务操作中人们是如何理解这些需要的，从而针对这些对需要的理解阐述证据法的原理，并且对制度运用的要点和重点予以提示。

　　本书为了突出实用性，采取了与理论著作和教学用书不同的写法及体例。例如，本书中的"特别提示"就是突出实务操作中需要特别注意之处。本书还根据相应章节阐述的内容，设置了"问题答疑"部分，对人们在实践中遇到的问题进行回答。另外，本书在每一章的最后还设置了"案例评析"，针对实践中的真实案例，尤其是法院的裁判进行分析，指出该案例中所涉民事证据法原理以及运用实践。

　　感谢为本书提供大量案例资料的李堇律师。李堇律师有较丰富的实践经验，为本书收集并提供了大量案例资料，归纳和整理了民事证据法实务中的许多疑难问题，并告诉我实践中法官和律师对证据运用的理解，使得我能够根据实务操作中的思维来阐述相关的民事证据法原理并解答实务操作中的问题，尽可能使本书便于实务工作者阅读、使用。

最后，我还要感谢本书的编辑黄琳佳女士。她敬业、认真，为本书编辑以及相关工作辛勤劳作。同时，我还要感谢人民邮电出版社智元微库公司的大力支持，没有出版社的支持，这本书就不可能顺利出版面世。

张卫平于清华园

目 录
Contents

001 | 第一章
初识证据

一、证据的意义　003

二、证据的概念　004

三、证据的"三性"　005

四、证据的作用　010

五、证据能力（证据资格）　010

六、证据的证明力　012

七、民事诉讼中证据运用与刑事诉讼中证据运用的差异　015

八、什么是民事证据法　018

九、证据的法定种类　019

031 | 第二章
书证及其运用

一、书证的概念及特征　033

二、书证与文书的关系　034

三、文书的种类与书证的应用　035

四、书证的证据能力与书证的证明力　038

五、书证（文书）提出义务制度　039

067 第三章
鉴定意见及其运用

一、什么是鉴定意见 070

二、鉴定对象 071

三、鉴定意见中鉴定的类型 072

四、非司法鉴定（私鉴定）意见的运用 077

五、鉴定制度中的专家辅助人的作用 079

六、专家意见在实践中的运用 080

七、鉴定申请 083

八、鉴定费用、标准及负担 084

九、鉴定人及权利义务 086

十、鉴定的程序事项 089

十一、鉴定意见的质证 091

十二、申请重新鉴定需要满足的条件 093

105 第四章
证人证言

一、什么是证人证言 107

二、哪些人不能作为证人 108

三、证人的义务：出庭义务 111

四、证人的义务：真实陈述的义务 114

五、证人作证的申请 116

六、证人作证的基本要求及询问　119

七、对证人作证的法律保障　121

八、证人作证特免权　122

九、域外制度：交叉询问制　135

十、英美法系交叉询问制的特点　137

十一、关于交叉询问制的移植　138

139 ｜ 第五章

视听资料及运用

一、什么是视听资料　141

二、视听资料的收集与运用　142

三、诉讼中视听资料质证的注意事项　143

四、如何判断视听资料的合法性与可采性　144

153 ｜ 第六章

电子数据

一、什么是电子数据　155

二、电子数据与其他证据种类的区分　157

三、电子数据与证人证言的关系　162

四、电子数据的运用　163

181 | 第七章
当事人的陈述、物证与勘验笔录

第一节　当事人的陈述　183

一、当事人的陈述的含义　183

二、当事人的陈述的特征　183

三、当事人的陈述与证人证言的区别　184

四、当事人的陈述的分类　186

五、当事人的陈述作为证据在运用中应当注意的问题　190

六、当事人本人到庭令　193

第二节　物证　194

一、物证的概念　194

二、物证的特征　196

三、物证与书证的区别　198

四、物证的审查判断　199

第三节　勘验笔录　202

一、勘验笔录的概念与特征　202

二、勘验笔录的独立性　204

三、勘验笔录与其他法定证据种类的区分　207

四、勘验笔录的制作与审查　209

用证据说话：民事证据的原理与运用

215 | 第八章
自认制度及其运用

一、什么是自认 217

二、自认成立的法律要件 218

三、自认的法律效果 218

四、自认的撤回 221

五、自认适用的例外情形 223

六、自认的无效 224

231 | 第九章
证据的收集

一、证据收集的含义 233

二、证据收集与证据的调查收集是不同的概念 234

三、民事诉讼证据收集与刑事诉讼证据收集的差异 236

四、证据收集的基本原则 237

五、当事人的证据收集 238

六、法院的证据收集 249

七、民事诉讼中检察机关的证据收集 253

八、什么是陷阱取证？陷阱取证是非法的吗 257

第一章

初识证据

chapter 1

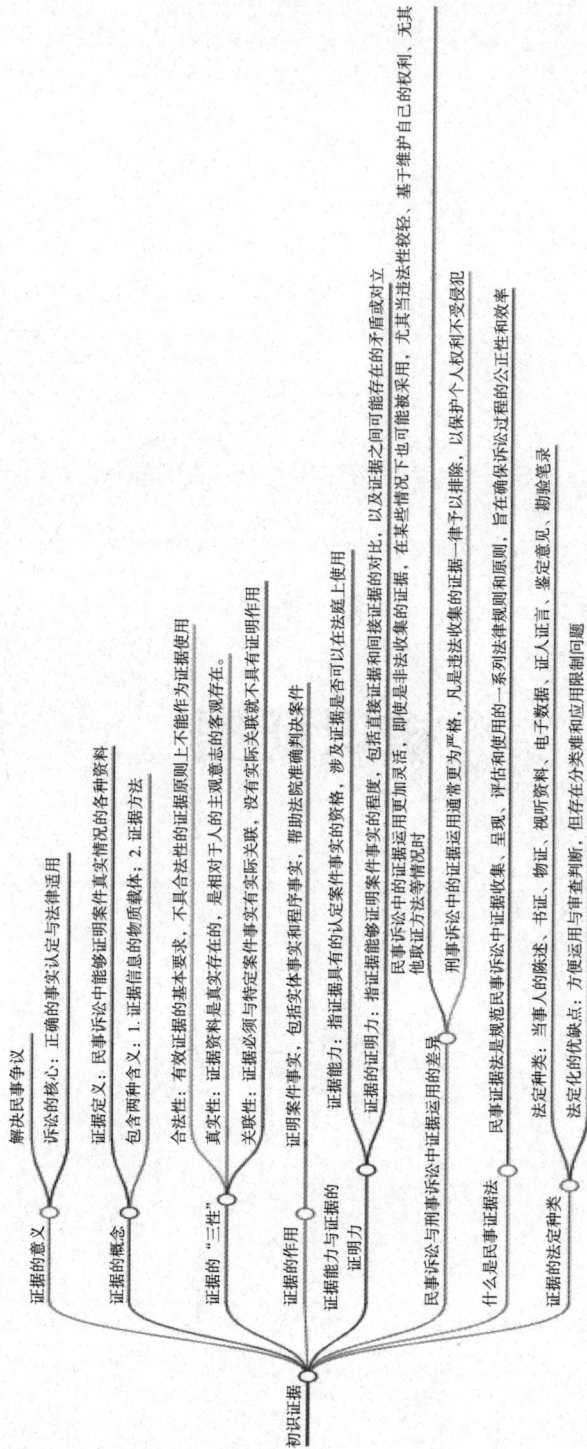

1 要点速览

初识证据

证据的意义
- 解决民事争议
- 诉讼的核心: 正确的事实认定与法律适用

证据的概念
- 证据定义: 民事诉讼中能够证明案件真实情况的各种资料
- 包含两种含义: 1. 证据信息的物质载体; 2. 证据方法

证据的"三性"
- 合法性: 有效证据的基本要求, 不具合法性的证据原则上不能作为证据使用
- 真实性: 证据资料是真实存在的, 是相对于人的主观意志的客观存在。
- 关联性: 证据必须与特定案件事实有实际关联, 没有实际关联就不具有证明作用

证据的作用
- 证明案件事实, 包括实体事实和程序事实, 帮助法院准确判决案件

证据能力与证明力
- 证据能力: 指证据能够证明案件事实的资格, 涉及证据是否可以在法庭上使用
- 证明力: 指证据具有的认定案件事实的程度, 包括直接证据和间接证据的对比, 以及证据之间可能存在的矛盾或对立

民事诉讼与刑事诉讼中证据运用的差异
- 民事诉讼中的证据运用更加灵活, 即使是非法收集的证据, 在某些情况下也可能被采用, 尤其当违法性较轻, 基于维护自己的权利, 无其他取证方法等情况时
- 刑事诉讼中的证据运用通常要更为严格, 凡是违法使用的证据一律予以排除, 以保护个人权利不受侵犯

什么是民事证据法
- 民事证据法是规范民事诉讼中证据收集、呈现、评估和使用的一系列法律规则和原则, 旨在确保诉讼过程的公正性和效率

证据的法定种类
- 法定种类: 当事人的陈述、书证、物证、视听资料、电子数据、证人证言、鉴定意见、勘验笔录
- 法定化的优缺点: 方便运用与审查判断, 但存在分类难以用限制问题

人们常说，打官司打的就是证据。用证据说话，就是通过证据告诉法官事实是怎样的。真正的法官只相信证据，不会相信眼泪。

一、证据的意义

在日常生活中，人与人（自然人、法人和非法人组织）之间难免发生冲突和争议。这些冲突和争议中，涉及民事权利义务的，就是民事争议。民事争议可以通过多种方式加以解决，不能及时被解决的民事争议就可能转化为其他矛盾，对自己、他人及社会不利。解决民事争议的主要方式是提起民事诉讼，由法院对争议加以裁判，并最终解决该争议。

诉讼围绕诉讼请求及事实，民事诉讼基于当事人的诉讼请求，裁判是针对当事人诉讼请求是否成立进行的。公正的裁判取决于两个"正确"，即正确的事实认定和正确的法律适用。正确的事实认定依赖于证据。除了当事人自认的事实，当事人所主张的事实也必须有证据证明，才能成为法院裁判的依据。

二、证据的概念

民事诉讼中的证据，是指在民事诉讼中能够证明案件真实情况的各种资料，简称为民事证据，是民事诉讼中法院认定案件事实、作出裁判的根据。

证据这一概念实际上包含了两种含义。

其一，证据作为证据信息的物质载体，是法院用于认定事实的资料，通常被称为证据资料，如当事人双方签订的合同文本，包括关于当事人双方的买卖合同、建筑施工合同、加工承揽合同等。合同是当事人权利义务的约定。因此，合同文本记载的内容就是对权利义务的证明。该合同文本就是证据。

证据由一定形式加以体现。《中华人民共和国民事诉讼法》(以下简称《民事诉讼法》）中规定了证据种类，如物证、书证、证人证言、鉴定意见、电子数据等。上述合同文本，在证据种类上被称为书证。

其二，利用证据的特定形式或内容证明案件事实的方法，被称为证据方法，实践中人们也将证据方法简称为证据。例如，以证人证言来证明案件事实的方法就是证据方法中的一种，被称为人证。以物体的外部特性、质量、数量来证明或认定案件的事实的方法就是物证（这一概念是指狭义的物证，广义的物证是指人证以外的所有证据方法）。以文字、符号证明特定的案件的方法就是书证。

三、证据的"三性"

人们在诉讼实践中经常使用"当事人提出的证据"和"法院认定事实的证据"。法院认定事实的证据是指当事人提出的证据经过一定审查质证认证之后的证据。当事人提出的证据虽然也被称为证据，但未必能够作为认定争议事实的证据。无论是当事人自己提出的证据，还是对方当事人提出的证据，都将面临这样的疑问："证据是合法的吗""证据是真实的吗""证据有意义吗"。这是人们在诉讼中必须回答的问题。这"三问"就关乎证据的"三性"——合法性、真实性和关联性。

（一）证据的合法性

证据的合法性是对有效证据的基本要求。不具有合法性的证据原则上不能作为证据使用，即没有证据效力或证据能力。

证据的合法性，实质是指某特定证据资料运用的合法性，并非指该证据信息的物质载体的合法性。

合法性是人们的一种价值判断，证据的形式或证据信息的物质载体自身不存在合法与否的问题。民事诉讼中证据的合法性，是指在民事诉讼中，人们使用特定证据认定案件事实时必须符合法律规定的要求，不为法律规定所禁止，否则证据就不具有证据能力。对证据的合法性提出要求，其目的是保障证据的真实性和维护他人或组织的合法权益，体现了人们对程序正义和实体正义的双重要求。

证据的合法性主要包括了以下四个方面。

（1）证据主体合法。证据主体是指形成证据内容的个人或单位。证据主体合法，是指形成证据的主体须符合法律规定的要求。证据主体不合法将导致证据的不合法。对证据主体进行法律规定要求，是为了保障证据的真实性。因此，法律根据证据的特点，对某些证据的证据主体规定了相应的要求。例如，不能正确表达意思的人，不能作为证人；作出鉴定意见的主体必须具有相关的鉴定资格；等等。

（2）证据形式合法。证据形式合法，是指作为证据不仅要在内容上是真实的，在形式上也要符合法律规定的要求。例如，单位向法院提交的证明文书须有单位负责人签名或盖章，并加盖单位印章；保证合同、抵押合同等，应以书面形式的合同文本加以证明。

（3）证据取得方法合法。当事人收集的证据材料能否作为法院认定案件事实的证据，还要看该证据材料取得方法是否符合法律的规定。法律规定证据取得方法必须合法是为了保障他人的合法权利使他人不至因证据的违法取得而受到侵害。例如，利用视听资料来证明案件事实时，就要求视听资料的取得不得侵犯他人的合法权利，如隐私权等。常见的容易侵犯他人隐私权的证据取得方法是所谓偷录、偷拍。再如，法院调查收集证据，应当由两人以上共同进行，不得由一名审判员或书记员独立进行，应当回避的审判人员也不能进行证据调查收集。

（4）证据程序合法。证据资料最后能作为证据还必须经过一定的诉讼程序，没有经过法律规定的诉讼程序，证据资料仍然不能作为认定案件的根据。这一诉讼程序就是证据的质证程序。《最高人民法院关于适用〈中华人民共和国民事诉讼法〉的解释》（以下简称《民诉解释》）第 103 条第 1 款规定，证据应当在法庭上出示，由当事人互相质证。未经当事人质证的证据，不得作为认定案件事实的根据。当然，也有例外情形，《民诉解释》第 103 条第 2 款规定，当事人在审理前的准备阶段认可的证据，经审判人员在庭审中说明后，视为质证过的证据。

特别提示

应当特别注意的是，在民事诉讼中，并非所有非法收集的证据都不能采信。在有些情形下，尽管收集证据的手段是违法的，但该证据依然可以作为证据使用。这是民事证据法与刑事证据法的主要不同点之一。在刑事证据法中，凡是非法收集的证据一律予以排除；在民事证据法中，则需要根据情形如违法性较轻、基于维护自己的权利、无其他取证方法等进行判断。关于这一点，本书将专门论述。

（二）证据的真实性

证据的真实性，是指证据资料是真实存在的，是相对于人的主观意志的客观存在。证据的这一特点也被人们称为证据的客观性。过去人们在谈论证据的客观性时，总是将证据视为完全与人们认识无关的存在。但是这种认识存在一定偏差，因为完全独立于人们认识的客观是没有意义的。在这个意义上，以证据的真实性来表述证据存在于人们意志或认识之间的相对性更为准确。将证据的属性打上客观性的标记容易给证据的合法性制造矛盾，因为证据的合法性显然是人们的价值判断。证据的真实性是正确认定案件事实的最基本的保障。伪造、捏造证据的行为是对证据的客观性的根本否定，是证据法所禁止的。

（三）证据的关联性

证据的关联性，也称证据的相关性，是指证据必须与特定案件事实有实际关联，如果没有实际关联就不具有证明作用。证据的关联性是证据具有证明作用的要求。证据资料与证明对象之间具有关联就意味着该证据资料对于案件事实具有证明作用。具有证明作用的证据必然是与案件事实有实际关联的证据。证据的关联性在证据收集、质证和认证中具有重要意义。当事人在收集证据时必须首先注意该证据与证明对象之间是否具有关联性，即是否具有证明作用；在质证过程中对对方提出的证据也要从该证据是否具有关联性入手分析和发现该证据与案件、证明对象的关联性，寻找能够排除其关联性的信息和证据；法院在认证、判断证据时也要注意审查双方提出的证据是否与案件、证明对象具有关联性，没有关联性的证据即可予以排除。证据构成关系如图 1-1 所示。

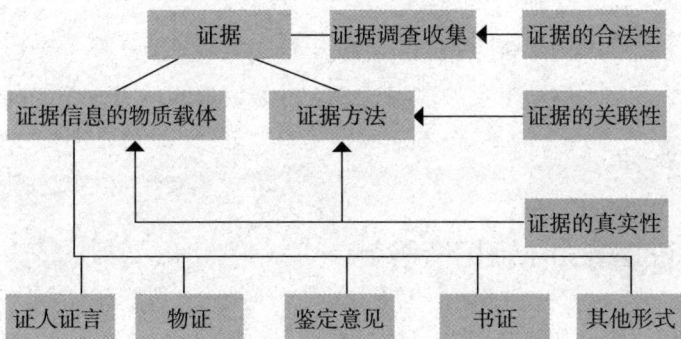

图 1-1　证据构成关系

问题：我向法院提出的证据是一个物证——一部苹果手机。就这个物证——苹果手机而言，怎么会存在合法性的问题？

答疑：这一问题的疑问在于，苹果手机只是证据的表现形式或物质载体而已。证据这一概念是指能够证明特定案件事实的信息。这部手机作为信息的物质载体当然不存在合法性的问题，但它是否能够作为证明案件事实的证据则存在合法性的问题。

四、证据的作用

证据的作用在于证明案件事实。这些事实既包括实体上的事实，也包括程序上的事实。

涉及争议实体权利义务方面的事实就是实体上的事实，如合同是否存在的事实、合同义务是否履行的事实等。

涉及诉讼中程序问题的事实就是程序上的事实，如关于管辖权异议的事实、诉讼中止的事实、变更诉讼请求的事实、否定自认的事实等。

五、证据能力（证据资格）

证据能力的实质问题是追问：当事人主张或提出的证据能否作

为证据。质证过程中涉及最多的就是证据能力的问题。在诉讼中，要想排除对方的证据，就先要以对方证据的证据能力为突破口。

证据能力，又称证据资格或证据的适格性、适格证据，是指特定的证据材料所具有的认定事实的资格。每一种证据都有相应的证据能力的要求。例如，当事人陈述作为一种证据，其证据能力要求陈述主体必须是本案的当事人。这里的当事人不仅包括民事诉讼中的原告、被告，也包括有当事人地位的第三人。再如，关于证人证言的证据能力，《民事诉讼法》第75条第2款就规定，不能正确表达意思的人，不能作证。又如，关于鉴定意见的证据能力，依照相关规定，不具有鉴定资质的机构所作的鉴定意见，不具有证据能力。

证据能力是大陆法系证据法理上的一个概念，大致相当于英美法系证据法理上的可采性。不过，英美法系证据法理上的可采性，强调的是依据具体的规则所作出的判断，而大陆法系证据法理上的证据能力则侧重于证据资格的一般判断或抽象判断。

证据能力与证据的合法性是来自不同视角的对证据的判断。证据能力侧重于资格的角度，是对一般证据的抽象要求；证据的合法性则既包括抽象的能力要求，也包含具体的要求，是综合性要求。一般而言，从实体上看，严重侵害他人合法权益，或违反法律禁止性规定，或严重违背公序良俗的方法取得的证据都应当属于不具有证据能力的证据。从程序上看，违反证据调查程序也可能导致某些特定的证据不具有证据能力。

对于违反证据调查程序对证据能力的影响，英美法系与大陆法系的态度有所不同。大陆法系通常认为该影响比较小，而英美法系则认为该影响比较大，常常会否定特定证据的证据能力。

违反证据调查程序是否否定其证据的证据能力，需要根据具体情形确定。在我国，关于未经法院许可，无正当理由未出庭的证人提供的书面证言是否具有证据能力就是一个问题。通常认为书面证言无法进行质证，因而不具有证据能力。但也有人认为，书面证言的证据能力需要根据具体情形而定，不能一概否定。这一情形涉及两点，其一，在征得法院许可，且无正当理由的情况下，面对具体的案件，书面证据能否具有证据能力，在此，涉及如何理解证据能力是一种对证据抽象要求的问题；其二，违反什么样的程序应当否定其证据能力，根据是什么。

证据能力不同于证据的关联性。证据的关联性是针对具体案件的要求，而证据能力是对证据的抽象要求，与具体案件无关。

六、证据的证明力

证据的证明力，是指证据能够证明案件事实的程度。所有证据都具有证明案件事实的作用，但证据不同，其证明作用的大小也有所不同，即证据证明力的强弱有所不同。例如，直接证据与间接证据的证明力相比，直接证据的证明力就往往大于间接证据的证明力；传来证据的证明力就弱于原始证据的证明力。证据证明力的强弱或大小常常是通过对立或矛盾的证据之间的比较显现的。证据的证明力不同于证据能力。证据的证明力以证据能力为前提，没有证据能力，就无所谓证据证明力的大小。

证据证明力的有无和大小的确定，一是根据法律的规定，二是依靠法官的判断。根据法律的规定确定或判定证据证明力的有无和大小的原则，在诉讼法理论上被称为法定证据原则；证据证明力的有无和大小的确定依赖于法官的自由判断，则被称为自由心证原则或自由心证原则的基本和主要的内容。法定证据原则发端于日耳曼法，盛行于中世纪的意大利法和德国的普通法时代。例如，当时的法律规定，当三个证人的证言一致时就能够证明某一事实存在与否；书证的证明力强于人证。根据法定证据原则，证据证明力的有无和大小必须预先在法律中加以规定，不允许法官在诉讼中根据自己的判断加以改变。法定证据原则排除了法官根据案件的具体情况判断证据的证明力，导致了证据运用中的教条主义和僵化，否定了法官的能动作用。19世纪，法国的民事诉讼法首先抛弃了法定证据原则，采用了自由心证原则，以后适用各大陆法系的国家和地区也相继采用了自由心证原则。根据自由心证原则的要求，这些地区在法律修改或制定中取消了关于证据证明力的法律规定，允许法官在证据证明力方面凭自己的"良心"和"理性"自由地作出判断。但奉行自由心证原则的地区并没有全盘否定证据证明力由法律规定的做法，在某些场合也规定了某些证据证明力的有无或大小。例如，关于有无诉讼代理权，原则上就只能以书面委托或言词笔录内容加以证明，其他证据对此没有证明力。在法律有规定时，法官仍然不得违反法律的规定自由判断证据证明力的有无和大小。

我国没有明确规定采用自由心证原则。我国《民事诉讼法》第67条第3款规定："人民法院应当按照法定程序，全面地、客观地审查核实证据。"该款规定的"审查核实证据"就包括了对证据证明力的有无和大小的认定。《最高人民法院关于民事诉讼证据的若干规定》（以下简称《民事证据规定》）将《民事诉讼法》这一规定细化为"审判人员应当依照法定程序，全面、客观地审核证据，依据法律的规定，遵循法官职业道德，运用逻辑推理和日常生活经验，对证据证明力的有无和大小独立进行判断，并公开判断的理由和结果"。从司法实践来看，法律直接规定证据证明力的有无和大小的情况并不多，多数情况仍然需要依靠审判人员的判断，即要求审判人员按照良知、理性、经验规则对证据证明力的有无和大小进行判断。这就不能排除审判人员判断的自由度，没有自由度也就不能根据案件具体情况来进行判断。另外又必须防止审判人员随意判断证据证明力的有无和大小，因此，《民事证据规定》又对如何具体认定证据的证明力做了某些规定。例如，规定了哪些证据不能单独作为认定案件事实的依据，包括无法与原件、原物核对的复印件、复制品，无正当理由未出庭作证的证人证言等。还规定双方当事人对同一事实分别举出相反的证据，但都没有足够的依据否定对方证据的，人民法院应当结合案件情况，判断一方提供的证据的证明力是否明显大于另一方提供的证据的证明力，并对证明力较大的证据予以确认。在同一事实存在若干矛盾的证据时，如何判断证据的证明力是司法实践中经常遇到的问题。由于不同种类的证据在一般情况下其真实程度、可靠程度会有所不同，真实性、可靠性相对高的某类证据的证明力就要大于真实性、可靠性相对低的另一类证据。

七、民事诉讼中证据运用与刑事诉讼中证据运用的差异

无论律师，还是法官都可能既办理民事案件，也办理刑事案件。民事案件和刑事案件都涉及证据运用的问题，案件事实都需要证据加以证明。但是，因为民事案件与刑事案件的性质不同，所以民事诉讼和刑事诉讼中的证据运用的规则、理念和思维方式都有所不同，如果混淆就可能错误运用证据。

第一，在民事诉讼中，法院实现的是民事主体的个体利益；在刑事诉讼中法院实现的是国家利益。在民事诉讼中，当事人可以自由处分自己的权利。这种对自己权利的处分与在诉讼之外对自己的权利处分完全一样。民事诉讼与刑事诉讼实行的基本原则也不同。民事诉讼实行的是处分原则；刑事诉讼实行的是职权原则。在民事诉讼中，无论权利人还是义务人都可以对诉讼程序事项予以处分，按照自己的意愿终结诉讼程序。

造成上述区别的根本原因在于依附的实体法性质完全不同。民事诉讼中的民事证据法依附的是民事实体法，属于私法范畴；刑事诉讼中的刑事证据法依附的是刑事实体法，属于公法范畴。程序法与实体法的内在联系，使得民事证据法与刑事证据法因所依附的实

体法的性质不同，而在理念、目的、具体制度的规定方面有很大不同。这也是三大诉讼的证据制度很难合一构成独立的证据法的一个重要原因。正是由于依附的实体法是私法，因此私法中的原则和精神——意识自治、契约自由、处分自由也会在民事诉讼中得到延伸。民事诉讼法中的约束性辩论原则、处分原则、自认制度、证据契约、和解制度、调解制度等都是私法的原则和精神在民事诉讼中的具体延伸。

应当注意的是，公法与私法的概念、内涵以及两者的界分对理解大陆法系的法学理论和制度具有非常重要的作用。如果不了解公法与私法的界分和差异，习惯于英美法系思维，又对大陆法系法学特点不甚了解，就很难理解大陆法系的法学理论和制度，包括民事诉讼的理论和制度。在英美法系思维中，因为没有公法与私法的界分，所以在诉讼程序和制度方面，三大诉讼——民事诉讼、刑事诉讼和行政诉讼程序的差异就不会像大陆法系中三大诉讼程序的差异那样明显。大陆法系的理论中，十分明确民事诉讼解决的是私法上的争议，私法上的原则和理念应当在民事诉讼程序和制度中得以体现；因此，在理念目的、具体制度方面，民事诉讼与刑事诉讼有很大的差别。

第二，因为诉讼法律关系主体的性质不同，所以在证据法律关系中当事人的法律地位也有所不同，法律对证据运用的规定也就各不相同。在刑事法律关系中，一方是公权力机关，另一方是非公权力机关的自然人或组织。在法律上，当事人各方的诉讼地位是平等的，但是作为刑事诉讼的犯罪嫌疑人、被告在收集证据、运用证据方面受到客观限制。

第三，刑事证据法在理念上强调通过诉讼程序、证据制度保障无辜的人不会受到刑事追究，有罪的人得到应有的制裁。民事证据法在理念上讲究的是当事人之间的平等，在收集、运用证据方面给予充分的对等保障。虽然民事证据法和刑事证据法都会考虑各种价值平衡，但是价值平衡的具体内容有所不同。刑事证据法必须考虑人权保障与案件事实揭示的冲突关系。基于人权保障这一首选价值，对案件事实的揭示就必须受到限制，这一限制要在刑事证据法中得到体现。例如，刑事诉讼中严禁通过刑讯逼供获得证据，强调对非法证据的排除，并且有一整套关于非法证据排除的程序和规则。民事诉讼中，当事人双方是平等的民事主体，是在私权范围内收集相关证据，因此，民事证据法在处理私权保障与揭示真实冲突方面不像刑事证据法那样强调非法证据的绝对排除，对非法证据的处理具有更大的灵活性。例如，侵犯隐私权获得的证据从性质上属于非法证据，但如果隐私权的受害人是争议的侵权案件的加害人，该案件的权利人不通过涉及隐私权的方法就无法获得相关证据，此时排除该项涉嫌侵犯隐私权的证据，就会导致权利难以得到维护。

在事实认定方面，民事诉讼强调可以根据当事人在辩论中的所有资料信息对案件事实予以认定。除了证据，如共同诉讼人的自认、当事人的陈述等，都可以成为法官自由心证的依据。在刑事诉讼中，为了更有利于对人权的保障，则强调事实认定必须根据证据作出，而不能依赖于证据之外的其他资料信息，如被告的供述态度等。

基于《中华人民共和国刑事诉讼法》（以下简称《刑事诉讼法》）对人权保障的强调，刑事证据法对案件事实的认定也比民事证据法有更加严格的要求和更高的证明标准。例如，刑事证据法排除传闻证据；但民事证据法并不完全排除传闻证据，至少没有明确的禁止性规定，传闻证据依然可以作为事实认定的参考。刑事证据法强调证据补强规则，在认定犯罪事实方面，只有被告人供述时不得认定被告人有罪，必须有其他证据予以补强；民事证据法并不强调证据补强规则。刑事证据法的证明标准采用排除合理怀疑原则；民事证据法的证明标准则为高度盖然性原则，显然后者在证明标准上要低于刑事证据法的要求。

第四，民事诉讼相对于刑事诉讼更强调法律关系和程序的安定和效率，反映在证据法规范中就是规定或设置举证时限以强调诉讼效率，在再审中限制证据的提出以控制再审的适用范围，实现程序的安定性。

八、什么是民事证据法

狭义的民事证据法仅仅是指民事诉讼法中的证据规范，是指调整人们在民事诉讼中就证据运用所形成的社会关系的规范总和。也就是说，只要是对民事诉讼中证据运用的法律规定都属于民事证据法。关于民事证据的法律规定，主要在《民事诉讼法》中，其他法律中也有民事证据运用的有关规定。不仅实体法中有规定，在其他民事程序法中也有关于民事证据的规定。所有法律中涉及民事证据的规范，都被称为广义的民事证据法。

另外，广义的民事证据法不仅包括民事诉讼中的证据规范，也包括非讼程序中的证据规范，如仲裁程序、人民调解程序等。

从证据规范的形式来看，民事证据法也指独立的关于民事证据的法律文本。我国目前还没有独立的民事证据法的法律文本，关于民事证据的规范在《民事诉讼法》文本之中。

由于民事证据的规范是由各种具体证据制度构成的，如证人制度、当事人陈述制度、鉴定制度、证明责任制度、举证时限制度、证据交换制度、质证认证制度等，因此，民事证据法与民事证据制度在含义上是相同的，可以互用。

民事诉讼中的证据规范除了《民事诉讼法》中的规定，还有大量的司法解释，最重要的证据规范是《民事证据规定》。

九、证据的法定种类

（一）证据的法定种类的含义

证据的法定种类，如图 1-2 所示，是指我国法律对证据形式的规定。在法律中明确规定各种证据的形式，是我国证据法的一个特点。其他一些证据法中一般不会明确对证据形式作出规定。有的法律会对某些证据形式，例如电子证据、证人证言等作出规定，但不会试图对所有证据形式的种类作出规定。

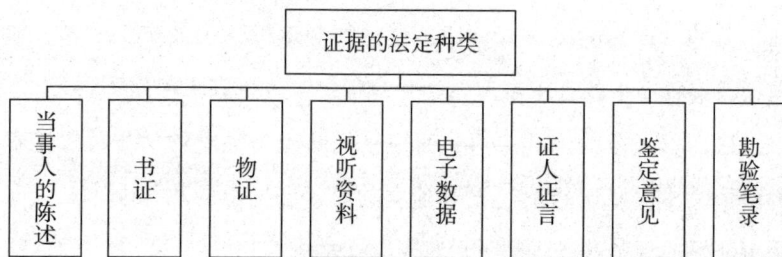

图1-2 证据的法定种类

1.证据种类法定化的优点

证据种类法定化有利于人们更方便地运用各种证据，针对各种证据的特点进行审查和判断。例如，在收集证据时可以按照法定种类进行收集、整理、归类保存；在进行证据交换时，可以按照法定种类列出证据目录并进行交换；方便当事人对对方当事人提出的有关证据进行分析和判断；方便当事人按照证据种类进行质证；方便法院按照证据种类特征进行审查和认定。

2.证据种类法定化的弊端

首先，证据多种多样，有的证据归类面临困难。而且，由于证据内容具有复杂性和多样性，按划分标准同一性进行归类更加困难。其次，证据种类法定化也容易影响证据的应用和制度规范。例如，在《民诉解释》中设立了书证提出义务制度。根据这一制度，当事人可以请求法院责令持有书证的对方当事人提出该书证。但由于法律对书证和视听资料、电子数据也有界定，因此该制度只适用于书证，对于属于视听资料的录音、录像以及电子数据都不适用。有些国家和地区由于没有这些法定种类的限制，凡是文书或准文书都适用文书提出义务制度，其应用更为灵活。

我国《民事诉讼法》关于证据种类的规定，存在两个需进一步解决的问题：其一，种类划分过细，各种类证据缺乏较强的涵盖力，使实践中新型证据难以纳入现有的种类之中，从而影响该证据的使用；其二，各证据种类的划分标准缺乏统一性。有的以证据信息的物质载体形式作为划分标准，如书证、视听资料；有的以形成原因或方式作为划分标准，如电子数据；有的以主体作为划分标准，如勘验笔录。划分标准不统一，就会给证据归类造成困难。例如，手机拍摄的文书资料或记录，究竟是书证、电子数据，还是视听资料？同样，视听资料与电子数据的划分也存在这样的困难。电子数据以数字化生成的信息为其特征，而视听资料以可听可视的表现形式为特征，但是录音或录像也同样可能是数字化生成的。如果以数字化生成为根据，这些可听可视的视听资料也应当归入电子数据。只有非数字化生成的录音录像才能作为视听资料，这样必然导致录音或录像这一证据资料的分割。当然，如果从实用主义的角度出发，只要方便好用，遵从人们的适用习惯，划分标准缺乏统一性也不是太大的问题。

（二）《民事诉讼法》关于民事证据种类的规定

1982 年《民事诉讼法（试行）》和 1991 年《民事诉讼法》均将

民事证据种类规定为七种。法条表述为"证据有下列几种"，其排序为：书证；物证；视听资料；证人证言；当事人的陈述；鉴定结论；勘验笔录。证据种类的排列顺序与证据的重要程度和使用是否相对广泛有关。例如，书证在民事诉讼中相对具有更加重要的位置，因此，在排序上居于首位；勘验笔录在民事诉讼中使用的情形相对比较少，因此居于末位。当然这种排序只是一种大致上的安排。

2012 年修正的《民事诉讼法》，将民事证据种类增加为八种，新增"电子数据"这一证据种类。其排列顺序也有所调整。按照现行法的规定，其顺序为："（一）当事人的陈述；（二）书证；（三）物证；（四）视听资料；（五）电子数据；（六）证人证言；（七）鉴定意见；（八）勘验笔录。"这一排序最突出的特点是将"当事人的陈述"排在了第一位。

电子数据或称电子证据是不是一种独立的证据种类一直存在争议。不少学者认为可以将电子数据归入视听资料这一类证据之中。有的学者认为，电子数据有其自身的特点，而且在实践中运用得愈发广泛，将电子数据作为独立的证据种类，有利于这种证据的研究和运用。最终，立法者采纳了这种观点。

应当注意的是，证据种类应当是一个开放的体系。这里所指的证据种类实质上是指证据的不同形式，准确地说，证据种类应当是指八种证据方法，而不是指证据的形式仅有八种。从人类认识有限的角度而言，法律关于证据种类的规定，应该视为对主要证据的列举。例如，证人证言，是以证人证言的形式证明案件特定事实的一种方法。

用证据说话：民事证据的原理与运用

| 实务操作答疑 |

问题：在民事诉讼实践中，不知应将某一项证据归入哪一证据种类时，应如何处理？

答疑：遇到这样的问题时，可以将证据归入最为相似或接近的证据种类。法院不能僵化于分类规定而拒绝对该证据的审查。因为只要该证据是真实的、不违反相应规定的、能够证明案件事实的，就可以作为证据。证据分类和法律对证据种类的规定只是为了更好地把握特定种类的证据特性，以便更好地认识证据和运用证据。

案例评析（一）

关键词：证据关联性、证据能力

× 县人民政府、× 省某房地产开发有限公司合同纠纷民事申请再审审查民事裁定书

（2021）最高法民申 6095 号

再审申请人 × 县人民政府（以下简称 × 县政府）因与被申请人 × 省某房地产开发有限公司（以下简称某房地产公司）合同纠纷一案，不服 × 省高级人民法院（以下简称二审法院）（2020）× 民终 646 号民事判决向本院申请再审。本院依法组成合议庭对本案进行了审查，现已审查终结。

×县政府申请再审称，根据《中华人民共和国民事诉讼法》第二百条第二项、第六项之规定申请再审。事实及理由如下。首先，二审法院诉争焦点总结错误导致事实认定及法律适用错误。某房地产公司在本县域内××湖水库以北约700米处开发建设房地产项目，房地产项目所在位置至水库岸边合拢地段是本案诉争构筑物用地。某房地产公司为抬高售房价格，未经规划审批在该合拢地段建设绿化及娱乐等设施。建设完成后，以公益项目为由要求×县政府支付建设费用诉至人民法院，二审法院依据"会议纪要"内容，倒推×县政府与某房地产公司之间建设工程施工合同成立，以履行合同内容为本案争议的焦点错误。本案真正争议焦点应当是"×县政府是否应当依法支付构筑物费用，是否有合同及法律依据"。人民法院应查清案涉构筑物用地性质、用途及所有者或使用者，确定建设构筑物的用地能否作为公益用地。若公益用地可以做公益项目，政府必须支付构筑物价款，否则，政府无权为此支付构筑物费用，政府应当保证国家资金正当合法使用。其次，案涉土地坐落的地理位置不可能是公益用地。第一，案涉土地属于河道管理范围，××湖的性质是水库。根据水利部于2017年12月22日发布的《河道管理范围内建设项目管理的有关规定》第二条的规定，河道包括水库，其周边区域应当为河道管理区域。河道管理区域是为了保障防洪安全而规划，因此在该区域内不允许随意建设建筑物、构筑物等设施。第二，案涉土地中存在某山村集体土地，集体土地的流转必须符合《中华人民共和国村民委员会组织法》《农村土地经营权流转管理办法》的相关规定，并且土地性质不得改变。因此，某房地产公司主张的案涉土地属于公益用地无合法依据，其在案涉土地上建设公益项目是违法行为。第三，案涉土地属于河道管理范畴，其管理主体应当是国家水务部门，该处土地上所有的建设项目均应按照河道管理权限并经河道主管机关审查同意方可建设。某房地产公司举示的证据仅能证明其对某房地产项目建设用地取得了用地手续，但该用地范围并不包括案涉土地。且某房地产公司并未举示对案涉土地享有或允许合理合法建设构筑物的依据或河道主管机关批复的相关文件。本案不排除案涉用地上的构筑物是违章建筑，政府不应对违章建筑或构筑物等支付费用。最后，二审法院以会议纪要作为定案依据，属于法律适用错误。根据中共中央办公厅、国务院办公厅印发《党政机关公文处理工作条例》的规定，政府会议纪要属于"公文"，其主要用于记载会议主要情况和议定事项。会议纪要属于党政机关的内部文件，其记载的事项不能直接对外适用。涉及的会议纪要内容转化成合同、规范性文件等，才具有一定的对外效力。因此，本案某房地产公司以会议纪要为依据提起的诉讼，证据合法性存疑，会议纪要不应当作为定案依据。

某房地产公司提交意见称，一、二审法院认定事实清楚，适用法律正确，请求驳回×县政府的再审申请。第一，进行公益建设是基于×县政府的要求而不是某房地产公司的需求；第二，某房地产公司与×县政府形成事实上的建设工程施工合同关系，本次诉讼主张涉建设施工费用，而不是返还土地出让金的优惠政策；第三，案涉土地的性质不影响建设费用支付；第四，×县政府为案件再审所作的行政处罚依法不具有法律效力；第五，×县政府解决周边地区公益项目建设费用历史遗留问题符合国家、省委省政府政策性规定。

本院经审查认为，本案再审审查焦点为：原审判决×县政府给付某房地产公司补偿款 43 044 874 元及相应利息是否正确。结合本案事实及相关法律规定，本院对上述争议焦点综合评判如下：

×县政府再审主张案涉构筑物用地性质为非公益用地，某房地产公司为抬高其开发的小区房地产价格，违法建设了绿化及娱乐设施，×县政府没有义务对违章建筑物补偿。经查，某房地产公司系按照 2013 年 5 月 16 日×县政府第十九次专题会议纪要精神完成了案涉工程的施工，该工程建成后已向公众开放使用，并非仅对某房地产公司开发小区开放，故双方之间已经形成了事实上的建设工程施工合同关系，×县政府应对某房地产公司案涉工程施工支付合理对价。有关案涉工程用地性质转变应由×县政府相关部门完成，与某房地产公司无关，×县政府以项目用地未经审批，某房地产公司应自行承担违法建设风险的理由不成立，本院不予支持。某房地产公司完成案涉工程后，×县财政局财政投资评审中心前后历经三次评审，并由×县政府法制办按照县领导指示，召集国土局、电业局、旅游局、住建局、规划局、供排水公司等职能部门对某房地产公司案涉工程有关情况进行了详细调查，认定项目总造价为 43 044 874 元，原审法院据此判决×县政府应补偿某房地产公司 43 044 874 元及相应利息并无不当。

综上，×县政府的再审申请不符合《中华人民共和国民事诉讼法》第二百条第二项、第六项规定的情形。依照《中华人民共和国民事诉讼法》第二百零四条第一款、《最高人民法院关于适用〈中华人民共和国民事诉讼法〉的解释》第三百九十五条第二款之规定，裁定如下：

驳回×县人民政府的再审申请。

审 判 长　×××

审 判 员　×××

审 判 员　×××

二〇二一年十二月十六日

法官助理　×××

书 记 员　×××

·分析与思考·

本案中涉及证据的争议主要有两个：

其一，再审申请人主张，"某房地产公司举示的证据仅能证明其对某房地产项目建设用地取得了用地手续，但该用地范围并不包括案涉土地"。

其二，再审申请人主张，本案"涉及的会议纪要内容转化成合同、规范性文件等，才具有一定的对外效力。因此，本案某房地产公司以会议纪要为依据提起的诉讼，证据合法性存疑，会议纪要不应当作为定案依据"。

第一个争议涉及某房地产公司出示的证据与要证明的事实之间是否具有关联性的问题。在本案的裁决中没有看到法院对这一争议的回应。

第二个争议涉及会议纪要的证据能力或证据资格问题，即证据的合法性。当事人错误地将会议纪要的对外效力与证据能力或合法性混淆起来，无论是否对外，无论是"公文"，还是"私文"，都不影响会议纪要的证据能力或证据资格。法院依据能够证明案件争议事实的会议纪要作出事实认定是正确的。遗憾的是，虽然裁决的结果是正确的，但没有说明会议纪要能够作为认定案件事实依据的理由。

案例评析（二）
||||||||||||||||||||||||||||||||||||||

关键词：关于证据的证明力
·······························

肖某与黄某辉合伙协议纠纷

民事判决书

原告诉称，2012 年，原、被告达成口头协议，由原告出资购入煤炭，委托被告管理，销售煤炭所得销售款全部为原告所有，被告需将销售所得按时返还给原告，原告按月向被告支付工资。现根据原告自己掌握的账单及被告提供的账单，核算出被告应当返还原告煤炭销售款 425 768.04 元。特向人民法院提起诉讼，请求法院判决被告返还原告煤炭销售款 425 768.04 元。

被告黄某辉答辩称：原、被告之间是合伙经营煤炭销售关系，而不是委托管理关系。

原告提供如下证据：

（1）被告与卢某华手机通话录音，证实原、被告系委托管理关系；

（2）证人卢某华证言，证实原、被告系委托管理关系；

（3）证人徐某邦证言，证实原、被告系委托管理关系。

法院认为：原、被告没有订立书面的合伙协议，但根据原告提供的被告于 2012 年 11 月 29 日写给原告的收据，收据载明："收到肖某合作投资运煤往梧州本金陆万元正"，由此可证实原、被告系合伙关系。原告虽提供了证人证言及视听资料来证实原、被告系委托管理关系，但证人证言所证实的内容为听被告所言，为传来证据，视听资料为被告与他人的谈话内容，不一定是其真实意思表示，以上证据的证明力小于书面证据，因此本院确认原、被告系合伙关系。

　　本案的观点是，证人证言的内容为传来证据，因此其证明力小于作为书证的收据。作为视听资料的手机通话录音也无法证实原、被告之间是委托管理关系，因而确认原、被告系合伙关系。这里需要注意的是，对电话内容要进行具体分析，只有经过具体分析才能对录音的证明力作出判断。

第二章

书证及其运用

chapter 2

要点速览

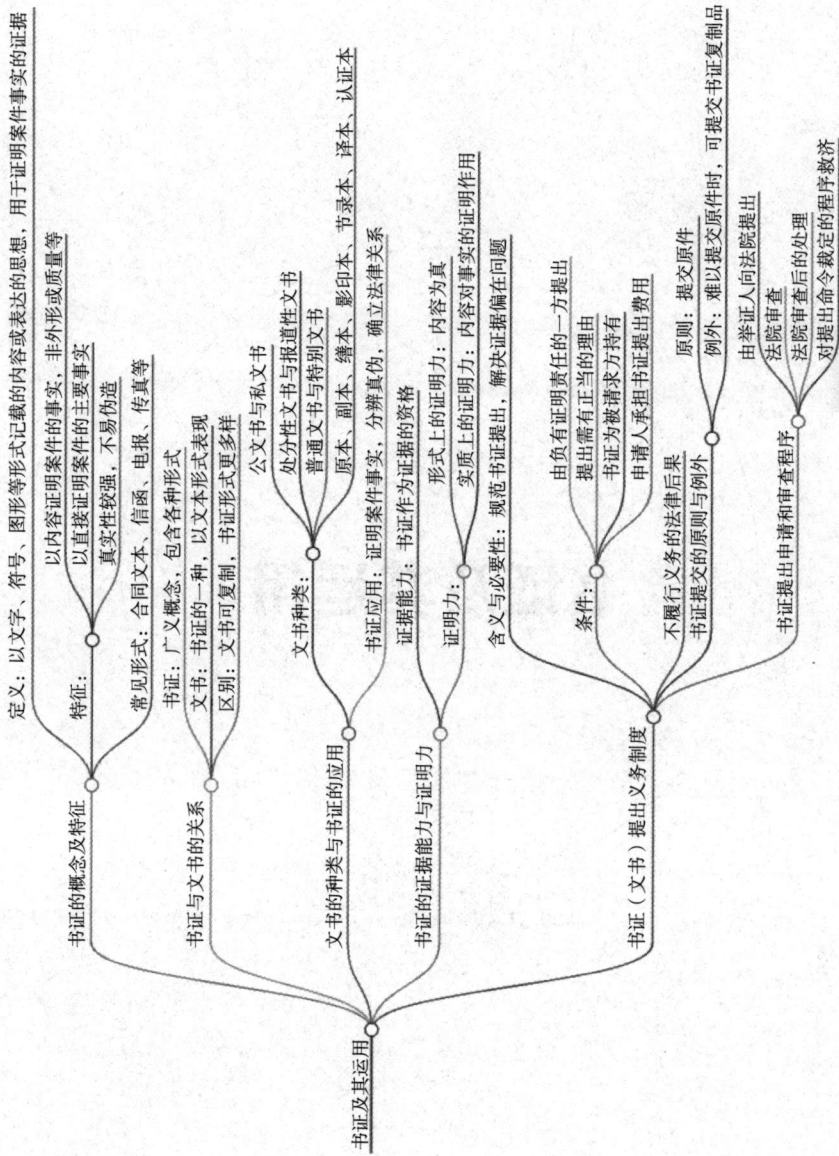

书证及其运用

书证的概念及特征
- 定义：以文字、符号、图形等形式记载的内容或表达的思想，非外形或质量等，用于证明案件事实的证据
- 特征：
  - 以内容证明案件的事实，非外形或质量等
  - 以直接证明案件的主要事实
  - 真实性较强，不易伪造
- 常见形式：合同书、信函、电报、传真等

书证与文书的关系
- 书证：广义概念，包含各种形式
- 文书：书证的一种，以文本形式表现
- 区别：文书可复制，书证形式更多样

文书的种类与书证的应用
- 文书种类：
  - 公文书与私文书
  - 处分性文书与报道性文书
  - 普通文书与特别文书
- 书证应用：证明案件事实，确立法律关系
- 证据能力：书证作为证据的资格
  - 原本、副本、绪本、影印本、节录本、译本、认证本

书证的证据能力与证明力
- 证明力：
  - 形式上的证明力：内容为真
  - 实质上的证明力：内容对事实的证明作用
- 含义与必要性：规范书证提出，解决证据偏在问题

书证（文书）提出义务制度
- 条件：
  - 由负有证明责任的一方提出
  - 提出需有正当的理由
  - 书证为被请求方持有
  - 申请人系相书证提出费用
- 不履行义务的法律后果
- 书证提交的原则与例外
  - 原则：提交原件
  - 例外：难以提交原件时，可提交文书复制品
- 书证提出申请和审查程序
  - 由举证人向法院提出
  - 法院审查
  - 法院审查后的处理
  - 对提出命令裁定的程序救济

在民事诉讼中，书证有证据之王的美誉。民事关系的发生、变化，民事关系主体之间的许多事实都会以文字、符号、图形等形式记载下来，这些以文字、符号、图形等形式记载的证据就是书证。谁掌握了书证，谁就掌握了话语权、主动权。如何更有效地收集书证、运用书证是一门技术和艺术。

一、书证的概念及特征

书证是指以文字、符号、图形等形式所记载的内容或表达的思想来证明案件事实的证据，例如合同文本、各种信函、电报、传真、图纸、图表、文件等各种书面文件或纸面文字材料。但书证内容的物质载体并不限于纸面材料，非纸类的物质亦可成为载体，如木、竹、石、金属等。

书证具有以下特征：（1）书证以其文字、符号、图形等内容来证明案件的事实，而不是以其外形、质量等来证明案件的事实。这是书证与物证的最大区别；（2）书证往往能够直接证明案件的主要事实；（3）书证的真实性较强，不易伪造。书证是当事人在民事法律关系过程中形成的文书资料，且往往有各自的签名盖章，是证明案件事实最直接的证据。

二、书证与文书的关系

人们在提到书证时，有时会谈到文书，实际上，书证是更为广泛的概念，文书属于书证，文书是以文本形式表现的书证。正因为如此，文书具有可复制性。其他书证以特殊的物为载体，因此难以复制、移动，其使用也涉及物的使用权或所有权问题。书证内容的载体形式不限于文本，包括反映其书证的所有形式。书证如借条，表示借贷人对具体借贷关系的认识。书证内容不一定具有思想含义，而文书具有一定的思想含义，因此，文书对于证明案件事实具有更重要的意义。如果说书证是民事诉讼中的证据之王，那么文书在民事诉讼中则是证据中的王中王。有些国家和地区一般不提书证，而是将文书作为规范和研究的重点。不过，在我国，民事诉讼没有区分文书与书证，在很多情形下文书等于书证。

三、文书的种类与书证的应用

（一）文书的种类

1. 公文书和私文书

（1）公文书与私文书在法律上的区分源于罗马法和德国古代法。根据制作者的身份不同，文书可以分为公文书和私文书。公文书通常是指国家公务人员在其职权范围内制作的文书。在我国，企事业单位、社会团体在其权限范围内制作的文书也被称为公文书。《民诉解释》虽然没有使用公文书这一概念，但已明确公文书的实质内容，即第 114 条规定的国家机关或者其他依法具有社会管理职能的组织，在其职权范围内制作的文书。私文书是指公民个人制作的文书。在《民事证据规定》中则明确使用了"公文书证"和"私文书证"的概念，这体现了我国书证规范认识上的一大进步。

（2）区分公文书和私文书的意义，主要在于判断真实性的方式有所不同。对于公文书，侧重于看该文书是否系有关单位及其公职人员在其职权范围内制作的，而对于私文书，则主要看文书是否有制作人本人签名或盖章。

（3）文书的性质不同，要求证明的方式或方法也有所不同。质疑公文书真实性时，可采用向制作单位调查询问的方式；质疑私文书真实性时，则需要通过核对笔迹、印章以及其他文书鉴定方法加以核实。在证明的要求上，提出公文书作为书证的人无须对该公文书的真实性加以证明，文书所记载的事项推定为真实，有相反证据足以推翻的除外；而提出私文书的人则应当对该私文书的真实性加以证明，对方无异议的除外。

人们对是否引入公文书和私文书这一对法律概念来说明不同书证的法律性质一直存有争议。持否定意见的人认为：一方面，难以界定公文书和私文书；另一方面，将公证文书纳入公文书会降低其法律优越性。实际上，公文书的具体界定并不难，虽然公文书应用十分广泛，但只要根据法律、法规、规章把握制作主体的性质及职务权力的范围即可。

2. 处分性文书与报道性文书

处分性文书是指记载设立、变更或终止一定民事法律关系内容的文书，如合同文本、变更合同的协议书、遗嘱、授权委托书等。报道性文书是指仅记载某事实而不产生一定民事法律关系的文书，如反映案件事实的信件、日记等。有关联的处分性文书能够直接证明有争议的民事权利义务关系，因而通常具有较强的证明力。有关联的报道性文书虽然对案件事实有一定的证明作用，但其证明通常具有间接性。

3. 普通文书与特别文书

普通文书是在制作方式和程序方面没有特别的要求，仅仅记载某些事实的文书，如信件、日记、借据、收条等。特别文书是指按照法律规定必须按照特定形式或程序制作的文书，如土地使用权证、房产证、经公证证明的合同文书等。由于特别文书的制作具有一定要求，文书记载的内容比较完善，真实性程度更高，因此具有更强的证明力。

4. **原本、副本、缮本、影印本、节录本、译本、认证本**

文书根据其不同的制作方法及相互关系，可以分为原本、副本、缮本、影印本、节录本、译本、认证本。原本是指由文书制作人制作的原始文书。副本是指该文书的全部内容照原本制作，对外具有与原本同样效力的文书。缮本是指抄缮原本全部内容的文书。影印本是指影印原本全部内容的文书。缮本和影印本都不具有与原本同等的效力。节录本是指摘录原本部分内容的文书。译本是指将外文的原本翻译为我国文字的文书。认证本是指通过认证程序对其真实性加以证明的文书。

（二）书证的应用

文书的性质不同，其证明责任的分担也有所不同。《民事证据规定》第 92 条第 1 款规定，私文书证的真实性，由主张以私文书证证明案件事实的当事人承担举证责任。该条规定是指在双方之间就私文书的真实性发生争议，且该私文书的真实性处于不明状态时，由主张该私文书为真的一方承担不利后果。《民事证据规定》虽然没有明确公文书真实性发生争议时其证明责任的分担，但是从该规定可以推出，应当由否认公文书真实性的一方，承担公文书不真实的相应不利后果。由于公文书本身所具有的公开性，因此主张公文书为假的一方当事人应当承担证明责任。

运用实例

在医疗纠纷诉讼中，患者提出医院治疗存在过错，医院认为没有过错，并拿出有关治疗的记录，患者认为治疗记录有伪造的嫌疑。此时就涉及应当由谁来证明医疗治疗记录是否真实的问题。按照文书分类与证明的理论，医疗治疗记录为私文书，因此患者主张该记录存在伪造情况时，应当由医院就其真实性予以证明。

四、书证的证据能力与书证的证明力

书证的证据能力与书证的证明力是针对书证做的特别阐述，厘清书证的证据能力和书证的证明力对具体运用书证有很大的帮助。

（一）书证的证据能力

书证的证据能力，是指书证作为证据的资格问题。在证据法理上，自由心证对书证的证据能力没有特殊的限定。即使是在民事纠纷发生之后当事人就事实过程所作的叙述性文书也具有证据资格。但刑事诉讼不同，在刑事诉讼中，刑事被告人的供述作为一种书证有证据资格的要求。

（二）书证的证明力

书证的证明力，也称书证的证据力。书证要具有证明力，必须满足两个基本条件：其一，书证是真实的；其二，书证所反映的内容对待证事实能起到证明的作用。根据上述两个基本条件，书证的证明力可分为形式上的证明力和实质上的证明力。

书证形式上的证明力，是指该书证所表达的意思或思想确系制作该文书的人所有。是否具有形式上的证明力涉及书证的真伪问题。

书证实质上的证明力，是指该书证的内容有证明待证事实真伪的作用。书证要有实质上的证明力，首先必须具有形式上的证明力，没有形式上的证明力，不可能存在实质上的证明力，而仅有形式上的证明力未必一定有实质上的证明力。

不同的文书，其形式上的证明力与实质上的证明力的关系有所不同。处分性文书如合同文本、遗嘱、授权委托书等，只要证明了该文书形式上的证明力，则实质上的证明力也就没有问题了。但报道性文书，即使证明了其具有形式上的证明力，也不一定具有实质上的证明力。

五、书证（文书）提出义务制度

| 实践中的难题与制度应对 |

在民事诉讼实践中，经常会出现这样的问题：能够证明一方当事人权利主张的证据（主要是书证）为对方所持有或控制，如果该证据对对方不利，此时一方要求对方提供该证据，对方也不会同意，即使是复印或其他拷贝形式也不行。因此，主张该事实的一方当事人无法证明自己的主张。虽然法律有规定，当事人客观上难以取得证据时可以向法院申请，要求法院收集该证据，但实际上法院很难做到，这种做法也有违法院的中立地位。人们一直探索如何在制度层面解决这一问题，一些学者主张借鉴有些国家和地区的文书提出义务制度。2015年《民诉解释》中书证提出义务制度被确立下来。这一制度要求在一定条件下持有书证的当事人有义务提出该书证。

（一）书证提出义务制度的含义

书证提出义务，是指在诉讼中，经当事人（申请人或举证人）申请，持有书证的当事人以及第三人在特定情形下具有向法院提出该书证的义务。书证提出义务制度由书证提出义务条件、范围、义务主体、例外情形等规范构成。需要说明的是，从概念表述的准确度来看，使用"文书提出义务"的表述应更为妥当。因为"书证"的含义比文书宽泛，而文书则通常是指记载思想内容的文本，具有可复制性，所以文书作为证据提出，才不会对持有者的生活产生太大的影响。但《民诉解释》使用了书证提出义务的表述，因此本书也援用这一表述。

书证提出义务属于诉讼法上的义务，与实体法的规定无关。即使没有实体法上的规定，只要当事人的请求理由成立，法院就可以根据案件的情形要求持有该书证的当事人提出该书证。某些书证的提出属于实体法有规定的，如申请人对公司财务报表有阅览权，申请人就可以要求该文书持有公司向法院提交该文书。这样的提出义务就不是诉讼法上的义务。

我国《民事诉讼法》中并没有明确规定书证提出义务。《民诉解释》第112条对书证提出义务作出明确规定："书证在对方当事人控制之下的，承担举证证明责任的当事人可以在举证期限届满前书面申请人民法院责令对方当事人提交。申请理由成立的，人民法院应当责令对方当事人提交，因提交书证所产生的费用，由申请人负担。对方当事人无正当理由拒不提交的，人民法院可以认定申请人所主张的书证内容为真实。"按照该规定，目前我国的书证提出义务的主体不包括持有书证的第三人，仅指持有书证的当事人。

（二）书证提出义务制度的必要性

设定书证提出义务制度的目的和意义在于查清案件事实，根据证明的事实作出裁判。在现代型诉讼中，证据尤其是书证，常常存在证据偏在的情形，特别是在环境侵权诉讼、消费者权益侵权诉讼、金融借贷诉讼、劳动关系诉讼（工伤赔偿、非法解雇、工资纠纷等）、交通事故赔偿诉讼、公司诉讼、知识产权诉讼中，证据偏在的情况更为突出。在民事争议中，因为涉及当事人自身的利益，所以一旦持有证据的当事人不提出该证据，负有证明责任的对方当事人便无法对案件主要事实予以证明，导致权利救济难以实现。追求真实是诉讼的重要价值之一，因此，为了应对证据偏在的情形，使裁判尽量接近案件真实，在特定条件下，应当赋予持有书证的一方当事人在对方当事人的请求下提出该书证的义务。

对于证据偏在的情形，我国《民事诉讼法》采取的应对措施是证据申请调查制度，即对于一方当事人没有持有又难以收集的证据，该当事人可以向法院提出申请，由法院进行收集，以供申请人在诉讼中使用。但由于法院根据当事人申请通过公权收集证据，很容易受到证据持有人的阻拦，因此，在诉讼实践中，申请法院收集偏在证据几乎没有得到普遍适用。同时，证据申请调查制度容易导致法院偏离裁判中立，难以处理好诉讼平等原则以及在证据调查方面容易发生司法腐败行为。

（三）书证提出义务的条件

按照《民诉解释》，书证提出义务是一种一般义务，但这种义务的履行也需要满足一定的条件，否则容易导致该制度的滥用。《民诉解释》的相关规定还存在疏漏，书证提出义务制度的滥用将无端增加对方当事人的人力、财力的负担，干扰当事人正常经营和工作。例如，无端要求公司提出财务资料，就可能干扰公司的正常经营。从《民诉解释》的规定来看，书证提出义务的成立需要满足以下条件。

1. 书证提出义务的对象或容体是书证

作为一类证据的书证一般理解为以文字、符号、图形等形式所记载的内容或表达的思想来证明案件事实的证据。

我国《民事诉讼法》对证据作出种类规定，书证与其他证据有明确的界分。因此，相当于其他一些法律中准文书的那些直接记载证据信息的包括电子数据的物件，如磁带、光盘、硬盘等就可能被纳入视听资料或电子数据而不能适用《民诉解释》规定的书证提出义务制度，从而影响对证据偏在问题的解决。

在书证提出义务制度方面，现行制度还存在着不完善之处。其中一个很重要的方面，就是没有明确哪些书证不属于提出义务范围。从有些国家和地区的立法和实践来看，下列书证或文书应当除外。

（1）涉及公务员职务上秘密的文书。如果将涉及公务员职务上秘密的文书一律除外，则范围过于宽泛，因此应当加上一定的限制，即提出该文书有可能损害社会公共利益，或者提出该文书将在很大程度上妨碍公务的施行。

对这一除外情形的理解涉及如何判断公务员职务上秘密、是否损害社会公共利益以及是否对公务造成妨碍的问题。首先是涉及公务员职务上秘密的文书的判断问题。涉及国家秘密的文书应当属于这类文书，如果没有规定为国家秘密，但与公务员职务有关的秘密文书应当由国家机关进行判断比较妥当。对于该文书的提出，是否损害社会公共利益或妨碍公务恐怕也应当交由国家机关进行判断。这样做的弊端是可能会提高这类文书提出的困难程度。其次是涉及国家秘密的文书是否应当一概排除在外。为了防止泄密，涉及国家秘密的文书的内容可以由相关国家机关向法院告知与案件相关的事实部分，而无须将该文书提出。

（2）记载具有免证义务的其他人职务行为的文书。因为具有免证义务，所以这些人从事职务行为所产生的文书也就不属于应当提交的文书。例如，医生、护士、律师、公证员、宗教人员、药剂师等职业人士在职务活动中的文书。如果文书提出义务也适用于这些人职务行为的文书，就必然会破坏这些人与相对人之间的信赖关系。

（3）专为文书制作人自己的利益所制作的文书。这类文书包括两类：一类是为个人利益所制作的文书，如日记、笔记等；一类是为了方便内部管理运行所制作的文书，如各种管理记录。这类文书之所以应当除外，是因为如果提出该类文书可能会妨碍制作人的活动自由，泄露个人隐私和商业秘密，对制作人的利益造成损害。

（4）不属于法律上应公开的，国家机关内部组织管理所制作的文书。

（5）刑事案件中的文书，以及刑事案件中司法机关扣押或没收的文书。这类文书具体包括起诉状、答辩状、代理词、委托书、代理合同、律师与被告、犯罪嫌疑人之间的谈话记录、证据及证据目录，司法机关、公安机关保存的与案件有关的文书资料等。这些文书涉及相关人的重大利益，因此不能纳入书证提出义务的范围。

2. 由负有证明责任的一方当事人在举证期限届满之前提出申请

由负有证明责任的一方当事人提出申请，意味着书证为证明案件所需要，如果没有该书证，申请的当事人将因此承担相应的不利后果，通常情形为败诉。在主张实体权利请求时，这也意味着权利无法获得救济，实体义务人也因此逃避了义务的履行。

根据《民诉解释》第112条的规定，要求持有人提交书证的申请"可以"在举证期限届满之前提出。如何理解"举证期限"是个问题。《民事诉讼法》与《民诉解释》中的举证期限在含义上有区别。《民事诉讼法》规定的举证期限是指法院所确定的提出证据的期限。这种期限是一般期限，贯穿于整个诉讼程序。只要涉及提出证据，法院都可以确定一个相应的期限，以督促持有证据的人尽快提出证据。《民诉解释》第99条规定，人民法院应当在审理前的准备阶段确定当事人的举证期限。《民诉解释》关于举证期限有着专门的含义，因此，从文义上理解，书证提出义务的申请期限应当是审理前准备阶段中的举证期限，而非《民事诉讼法》所规定的举证期限。《民事诉讼法》所规定的一般举证期限的确定原本就属于法官的职权内容，没有专门加以规定的必要。关于举证期限，详见《用证据说话：民事证据运用的法律与技术》。

应当注意的是，《民诉解释》关于书证提出义务申请期限的规定使用的是"可以"。这里的"可以"应当理解为督促和倡导，而非必须在举证期限届满之前提出，否则失权。因为在有些情形下，在举证期限内当事人可能还不知道哪些书证在对方当事人手中。尽管在一般情况下，对于双方交往中的书证为谁持有，双方当事人应该都有所了解，但也不能绝对化。有的书证的提出需要根据诉讼进程予以实施，只要不是故意迟延诉讼，也都应当允许。

3. 有正当的理由

《民诉解释》第112条规定，书证在对方当事人控制之下，承担举证证明责任的当事人可以在举证期限届满前书面申请人民法院责令对方当事人提交。申请理由成立的，人民法院应当责令对方当事人提交。该条规定中的"理由"应当是指书证提出的实质理由。遗憾的是《民诉解释》没有进一步对实质理由作出明确的规定，但2019年修正的《民事证据规定》第47条第1款具体规定了控制书证的当事人应当提交书证的情形：（1）控制书证的当事人在诉讼中曾经引用过的书证；（2）为对方当事人的利益制作的书证；（3）对方当事人依照法律规定有权查阅、获取的书证；（4）账簿、记账原始凭证；（5）人民法院认为应当提交书证的其他情形。

书证提出作为一般义务，书证强制提出的理由是否成立，由法官根据案件具体情形加以判断。原则上，正当的理由应当解释为实体法上的理由和诉讼法上的理由两种情形。

（1）实体法上的理由。实体法上的理由就是申请人有要求对方提出该书证的实体请求权或要求阅览该书证的阅览请求权。例如，基于对该书证的所有权、双方之间的合同，合法占有、使用该文书，申请人有要求书证持有人交付该书证的请求权。再如，根据公司法的规定，股东有查阅公司财务资料的权利，对该书证有阅览权。实体法上的请求权并不限于在诉讼中行使。还应当注意的是，实体法上的权利义务不是指公法上的权利义务。如果是公法上的请求权就不会产生民事诉讼中的书证提出义务。例如，根据国家行政机关信息公开的法律，任何人都可以要求公开有关行政事务的文书。但书证提出义务制度的申请人仅限于当事人，且仅限于在民事诉讼中。

（2）诉讼法上的理由。在理论上，诉讼法上的理由可以解释如下。

其一，该书证曾经由持有人在诉讼中提出或引用过。这也是2019年《民事证据规定》第47条规定的事由之一。"诉讼中"也就包括持有人在起诉状或答辩状或代理词、二审中上诉状、上诉答辩状、代理词以及再审中再审申请书等诉讼文书中引用过的书证。

其二，由于持有该书证的当事人的妨碍行为无法获得该书证。

其三，除了该书证，负有证明责任的当事人无法通过其他证据证明案件的主要事实。

其四，作为书证的文书是为申请人利益或法律关系制作的文书。学理上，为申请人利益所作的文书称为"利益文书"；基于申请人与证书持有人的法律关系所作的文书称为"法律关系文书"。持有人作为债务人写给申请人（债权人）的偿债承诺书是典型的利益文书；合同文本是最典型的反映申请人与持有人之间合同关系的法律关系文书。

按照其他一些法律的通说，利益文书可以从两个方面加以判断：其一，该文书直接证明申请人的地位、权利、权限或者是这些内容的基础；其二，制作该文书的目的是证明申请人的权利或者是证明这些权利的基础。利益文书的利益并非仅指举证人利益，也包括举证人与其他相关人的共同利益。在判断是否为利益文书时，也可以根据制作该文书的目的和动机判断是不是针对举证人以及举证人与其他相关人的共同利益。

在实践中，关于什么是"利益文书"常常会发生争议。例如，经济纠纷中一方持有的会计账目；医疗事故侵权纠纷中的诊断记录、医疗记录、医药处方、护理记录；环境污染侵权纠纷中的加害人的生产工艺流程、生产记录、化学产品配方、原材料购买记录；产品质量侵权纠纷中的产品生产工艺、产品生产记录；公司诉讼中公司管理的有关记录、纪要、决议等，关于这些文书是否属于利益文书经常存在争议。对于这些文书，持有文书的当事人常常会以非利益文书为由拒绝提出。对于是否为利益文书需要根据当事人的诉讼请求利益加以判断。如果这些文书涉及申请人的实际利益就构成利益文书，持有人应当提出。例如，在环境污染侵权诉讼中，受害人主张加害人排放的废液造成损害，那么关于该加害工厂的生产规模和工艺流程的文书就与因果关系以及损害结果有直接关联，属于典型的利益文书。

学理上认为，法律关系文书成立的要件有两个。其一，该法律关系文书记载了举证人与持有人之间的法律关系以及相关事项。也就是说，法律关系文书不仅指记载举证人与持有人之间法律关系的文本本身，还包括记载与该法律关系相关事项的文本。其二，该法律关系文书能够直接或间接表明或评价该法律关系存在与否。要件一是从记载事项的角度观察；要件二则是从证明作用的角度观察，没有证明作用不能构成法律关系文书。

在法律关系文书的界定上，经常涉及的争议是法律关系文书与内部文书的区别问题。因为单纯为持有人自己的目的所制作的文书不是法律关系文书，而是内部文书或非共通文书。两者的关键区别在于与举证人、持有人或其他人法律关系的关联性上，即使主观上是出于自己使用的目的制作的文书，但只要涉及争议的法律关系，也就成了法律关系文书。

4. 书证为被请求当事人所持有

这一条件涉及书证提出义务的主体范围问题。依照《民诉解释》的规定，我国书证提出义务仅限于当事人。按照《民事诉讼法》的规定和民诉法理论的一般理解，当事人包括原告（共同原告）、被告（共同被告）、有独立请求权第三人、无独立请求权第三人中承担民事责任的第三人，即无独立请求权中的被告型第三人。

这一点与适用大陆法系的国家和地区的书证提出义务制度有所不同。适用大陆法系的国家和地区的书证提出义务主体还包括当事人以外的其他人。之所以有这种差异，是因为书证提出义务没有考虑基于实体法上请求权所产生的实体义务，而仅仅是诉讼法上的义务。诉讼法上的义务就只能针对对方当事人，而不能针对当事人之外的人。适用大陆法系的国家和地区的书证提出义务制度包括了基于实体法上请求权所产生的提出义务，如基于实体法上交付请求权或阅览请求权所产生的书证提出义务。在诉讼中，只有书证持有人负有实体上提出义务，权利人都可以要求其提出，无论是当事人还是当事人以外的人。这也是《民诉解释》须完善之处，也是《民事诉讼法》修改时建立书证提出义务制度时所必须解决的问题。这样便于权利人从整体上——程序法和实体法两个方面理解书证提出义务制度。

另外，应注意的是，这里的持有只是指书证为当事人所实际控制，并不问是否为该当事人所有或占有。

5.书证提出费用由申请人承担

提出书证涉及查找、收集、识别、递送等行为，这些行为的实施有可能产生一定的费用。尤其是在公司诉讼中，涉及大量的公司运作管理方面的文书，提出相关书证会造成很大的物质投入。因为涉及的是申请人的利益，所以由此产生的费用应当由书证申请人承担。

（四）不履行书证提出义务的法律后果

虽然法院对书证持有人作出了书证提出的命令，但义务人依然有可能不履行提出书证义务。按照《民诉解释》的规定，对方当事人无正当理由拒不提交的，人民法院可以认定申请人所主张的书证内容为真实。《民诉解释》之所以如此规定，是因为在书证持有人不履行提出义务的情形下，难以通过其他强制手段使得书证持有人提出书证。书证是特定内容的文书，因此无法用其他物品予以替代。

对此，《民诉解释》的对策是书证持有人不履行义务时，推定申请人主张的书证内容为真实。这种推定必须有一个前提，就是申请人在申请书证提出时要明确书证的内容。在有的情形下，申请人对于书证的具体内容十分清楚，例如申请人知道借条中的借款数额、还款时间、方式等内容；申请人知道承诺书中承诺的具体内容。但有时申请人并不清楚书证的具体内容，仅仅知道如果提出该书证能证明什么，也就是证明的事实，例如医院的护理记录、医疗记录、产品生产加工的记录、材料购买记录等。因此，此时简单地认定申请人所主张的书证内容为真实就没有意义。实际上，申请人要求对方当事人提出该书证是认为自己提出的事实主张可以通过该书证得到证明，而这一事实显然对持有书证的当事人是不利的，书证持有人不愿意提出来。因此，在持有书证的当事人不愿意履行书证提出义务时，应当认定申请人主张的事实为真实，而非认定书证内容为真实。

认定申请人主张的事实为真实，还需要有一定限制，否则也将造成不合理的情形。其一，申请人难以对书证记载的具体内容予以主张。因为申请人的事实主张总是通过书证的具体内容加以证明的。如果申请人能够说明书证记载的具体内容，则可以直接认定书证记载内容的真实，不需要对申请人主张的事实作出成立的推定。其二，申请人难以通过其他证据方法对自己主张的事实加以证明，只有该书证能够证明。如果其他证据也能够证明申请人主张的事实，也就没有必要通过推定的方式来认定申请人主张的事实为真实。

当持有书证的人不履行义务，究竟是认定申请人主张的事实为真实，还是实行证明责任的转换更为妥当，是国外理论界争议的一个问题。按照证明责任转换的理论，持有书证的当事人如果不履行书证提出义务，则关于书证所证明的事实的证明责任就转换为持有书证的一方当事人，申请人不再负有证明责任，持有书证的当事人不愿意提出该书证证明该事实就要承担由此产生的不利后果。原本按照证明责任的分配该事实的证明责任在申请人一方当事人，正是因为对方不愿意提出该书证，通过其他证据方法又无法证明导致了证明不能的情形。因此，有学者认为证明责任转换的措施比直接认定申请人主张事实真实更妥当。

我国目前的书证提出义务的义务主体仅限于当事人。在持有书证的当事人不履行法院裁定的义务时，采用认定申请人主张事实为真实的办法是可行的。但如果将书证义务主体扩大到当事人之外的第三人，这种办法就失去意义了。因为对申请人主张事实存在的推定是基于该书证对持有人不利这一经验法则，第三人没有直接利害关系，而是基于其他原因不愿意履行义务。对此，就只有采取一定的处罚措施促使其履行提出义务。有些国家和地区对持有书证的第三人不履行义务的通常处罚措施是罚款。今后《民事诉讼法》修改时如果设定了针对第三人的书证提出义务，这一措施也需要加以配套规定。

（五）书证提交的原则与例外

当事人向法院提交书证时原则上应当提交原件。作为例外情形，提交原件确有困难的，可以提交书证复制品。对于例外情形，《民诉解释》第111条第1款规定，《民事诉讼法》第73条规定的提交书证原件确有困难，包括下列情形：（1）书证原件遗失、灭失或者毁损的；（2）原件在对方当事人控制之下，经合法通知提交而拒不提交的；（3）原件在他人控制之下，而其有权不提交的；（4）原件因篇幅或者体积过大而不便提交的；（5）承担举证证明责任的当事人通过申请人民法院调查收集或者其他方式无法获得书证原件的。

（六）书证提出申请和审查程序

《民诉解释》虽然规定了书证提出义务，但没有明确规定具体的程序以及方式。没有这些具体程序和规范的命令方式，书证提出义务难以顺畅运作。从有些国家和地区的制度规定以及运作实践来看，书证提出义务命令的申请、审查应当具有以下内容。

1. 由举证人向法院提出申请

（1）申请主体——举证人。举证人应向受理本案的管辖法院提出，这里的举证人为诉讼当事人，不是诉讼当事人没有申请的利益。之所以成为"举证人"，是因为该当事人对书证要证明的事实负有证明责任。如果不负有证明责任，该当事人就不会向法院请求命令持有书证的人提出该书证，没有该书证就将因为不能证明主张的事实而承担相应不利后果。

（2）书面申请书及记载事项。书证提出义务的申请形式为书面申请。申请书应写明书证持有人（持有人的身份、住所地等可以送达书证提出命令的信息）、书证名称、书证内容概要、书证证明的事实、提出该书证的理由等。如果申请书没有记载相关事项，除了书证持有人、书证的内容概要可以在以后补充、完善，法院将驳回举证人关于书证提出义务的申请。

2. 法院审查

法院在受理书证提出申请之后需对书证持有人是否具有书证提出义务进行审查。作为本案诉讼的附带程序，可以由一名法官进行审查。

3. 法院审查后的处理

法院审查认为符合书证提出条件的，可作出关于书证提出义务的命令。需要说明的是，虽然举证人申请的是关于书证提出义务的命令，但法院是否发出命令的形式应当是裁定，也就是说裁定的内容是命令。裁定书应当写明申请人、书证持有人、申请提出的书证及范围、申请理由、裁定主文、不服裁定的救济方式。申请成立的，裁定主文通常为命令书证持有人于何时提出何书证。裁定认为仅有部分书证有提出的必要的，可以就该部分书证提出发出命令，但不能超出举证人申请提出的范围。

4. 对提出命令裁定的程序救济

持有人或举证人可以在裁定作出后一定时间内提出异议，请求撤销或改变许可提出或驳回请求的裁定。日本法律规定，对"决定"不服的，可以即时抗告。在我国，考虑到书证提出义务涉及申请人（举证人）或书证持有人的利益，因此，应当允许申请人（举证人）、书证持有人对书证提出义务的裁定提出异议，防止正当请求不能实现或不正当的请求损害书证持有人的利益。因为我国没有抗告制度，通常采用的是复议程序，所以对书证提出命令的裁定不服时，可以采用复议程序——在法院作出裁定之后一周内向作出该裁定的法院或上一级法院提出复议申请。法院在一定期间内对复议进行审查并作出最终裁决。应当注意的是，对于驳回申请人请求的裁定，因为对被申请人（书证持有人）没有异议利益，所以被申请人不能提出复议；相反，对于认可提出书证义务请求的裁定，申请人也没有复议的异议利益，也就不能对其提起复议。

申请复议之后，复议法院经过审理可作出维持、撤销原裁定的裁定。该裁定从送达之日生效。整体程序如图 2-1 所示。

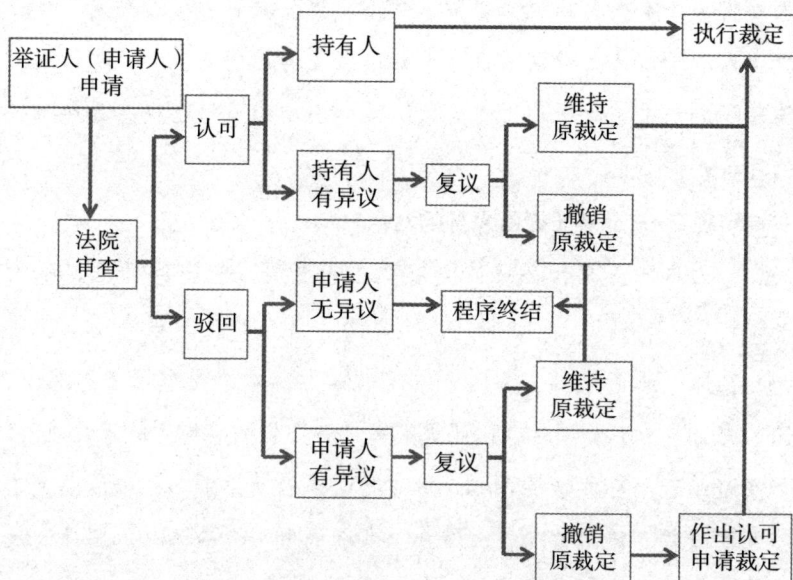

图 2-1　书证提出义务命令审查程序

| 问题答疑 |

问题 1. 关于书证真伪确认之诉?

有人提问:既然书证非常重要,是否可以单独提起诉讼,要求法院就有争议的书证(例如合同文本)作出判断,以避免以后因为该书证的真伪发生相关民事法律关系的争议?

答疑:目前,我国民事诉讼法上尚无书证真伪确认之诉的规定。实践中也没有这方面的判例。通常认为民事诉讼的对象只能是与民事法律关系有关的争议,事实本身不能作为民事诉讼的对象。在有些国家和地区,如德国、日本,承认书证真伪确认之诉。承认的主要理由是,书证真伪之诉作为预防性诉讼有助于防止权利义务争议的发生或扩大。

问题 2. 关于书证提出义务的对象?

有人提问:为什么书证提出义务制度要求提出的证据仅限于书证?

答疑:书证提出义务制度中的书证准确地讲是书证中的文书,因为书证具有可复制性,因此提交书证并不影响持有人的正常使用。如果是物证则可能涉及持有人对该物的正常使用问题,也就涉及了物的所有权、使用权问题。因此,书证提出义务除了其他条件的限定,还需要在提出对象方面予以限制。

问题 3. 关于文书获得的几种方法?

有人提问:当文书为当事人所控制时,有哪些合法获得该文书的方法?

答疑：当证明自己主张的文书为对方所控制时，要想合法获得该文书，除了本章中提到的书证提出义务制度，即向法院申请书证提出命令，还有法院调查收集和律师调查令这两种方法。

（1）法院调查收集。《民事诉讼法》第 67 条第 2 款规定，"当事人及其诉讼代理人因客观原因不能自行收集的证据，或者人民法院认为审理案件需要的证据，人民法院应当调查收集"。由于该规定过于粗疏，因此实践中很难予以适用。

（2）律师调查令。法律并未认可律师调查令制度，在一些地方，该制度还在探索之中（例如重庆市）。由于没有法律的明确规定，依靠律师调查令获取证据不失为一种方法，但有效性肯定不如书证提出义务制度。

案例评析
||||||||||||||||||||

中国信 × 资产管理股份有限公司山东省分公司、山东兴 × 有色金属集团有限公司等与公司有关的纠纷民事申请再审审查民事裁定书

（2021）最高法民申 6603 号

再审申请人中国信 × 资产管理股份有限公司山东省分公司（以下简称信 × 山东公司）因与被申请人山东兴 × 有色金属集团有限公司（以下简称兴 × 集团公司）、东营兴 × 防腐工程有限公司（以下简称兴 × 防腐公司）、山东诺 × × 企业管理咨询有限公司（以下简称诺××公司）、东营兴×铜材有限公司（以下简称兴×铜材公司）、东营兴×高性能有色金属有限公司（以下简称兴×高性能公司）、青岛泛×有色金属制品有限公司（以下简称泛×公司）、一审第三人山东亨×铜业有限公司（以下简称亨×铜业公司）、燕某富等与公司有关的纠纷一案，不服山东省高级人民法院（2021）×民终371号民事判决，向本院申请再审。本院依法组成合议庭对本案进行了审查，现已审查终结。

信×山东公司申请再审称，一、本案有充分证据证明亨×铜业公司与兴×集团公司、兴×防腐公司、诺××公司、兴×铜材公司、兴×高性能公司、泛×公司（以下简称六公司）是实际控制人皆为燕某富的关联公司。泛×公司与亨×铜业公司之间发生多笔资金往来，存在代付各种费用、无偿使用财产及无偿转让行为不作财务记载或财务记载无法区分财产归属等行为，泛×公司与亨×铜业公司存在被实际控制人燕某富过度控制与支配，长期、稳定的处于财产边界不清、财务混同的状态，且相互之间存在大量的利益输送的情形，完全丧失独立性。在各公司未举证证明各自财产独立，应承担举证不能责任的情况下，按照《中华人民共和国公司法》第二十条规定，泛×公司应当对亨×铜业公司、燕某富应向信×山东公司偿还的债务承担连带清偿责任。二、信×山东公司向本院提交《书证提出命令申请书》《调查取证申请书》，主张其因客观因素无法调取证明案件基本事实的证据，申请本院责令泛×公司提交相应会计账簿、记账原始凭证等财务会计资料，向东营农村商业银行股份有限公司东城支行、中国建设银行股份有限公司东营东城支行、中国农业银行股份有限公司东营东城支行、中国工商银行股份有限公司东营东城支行等调取亨×铜业公司、兴×集团公司、兴×防腐公司、泛×公司等公司有关银行账户交易明细，以证明各公司之间存在财产混同。综上，信×山东公司依据《中华人民共和国民事诉讼法》第二百条第二项、第六项的规定申请再审。

兴×集团公司提交意见认为，信×山东公司的再审申请理由不能成立，请求依法驳回信×山东公司的再审申请。

本院经审查认为，本案再审审查的主要问题为：泛×公司是否应对亨×铜业公司、燕某富对信达山东公司所负债务承担连带清偿责任。

首先，《中华人民共和国公司法》第二十条规定："公司股东应当遵守法律、行政法规和公司章程，依法行使股东权利，不得滥用股东权利损害公司或者其他股东的利益；不得滥用公司法人独立地位和股东有限责任损害公司债权人的利益。公司股东滥用股东权利给公司或者其他股东造成损失的，应当依法承担赔偿责任。公司股东滥用公司法人独立地位和股东有限责任，逃避债务，严重损害公司债权人利益的，应当对公司债务承担连带责任。"根据原审查明的情况，在泛×公司中，兴×集团公司、兴×防腐公司、诺××公司、兴×铜材公司、兴×高性能公司这五个公司之间存在互相持股的情况。亨×铜业公司、燕某富均不是泛×公司的股东。本案不存在公司财产与股东财产混同且无法区分、股东无偿使用公司资金或者财产没有进行财务记载、股东用公司的资金偿还股东的债务或者将公司的资金供关联公司无偿使用未作财务记载的情形，不符合前述法律规定提及股东滥用法人独立地位和股东有限责任逃避债务，应对公司债务承担连带责任的情形。

其次，燕某富于 2013 年 10 月 8 日起至 2017 年 4 月 18 日期间为亨 × 铜业公司控股股东。泛 × 公司设立时均不在燕某富担任亨 × 铜业公司控股股东期间，且燕某富不持有六公司股份。原亨 × 铜业公司设备部经理徐某思同时担任其他公司的法定代表人、执行董事兼总经理，亦不能得出其他公司的董事会、管理层决策过程被燕某富操控，燕某富系兴 × 集团公司、兴 × 防腐公司、诺 × × 公司、兴 × 铜材公司、兴 × 高性能公司实际控制人的结论。况且，关联公司之间的资金往来关系、人员交叉任职，不是直接认定公司之间财务边界不清、人格混同的依据。本案没有充分证据证明控制股东或实际控制人控制多个子公司或者关联公司，滥用控制权使多个子公司或者关联公司财产边界不清、财务混同，利益相互输送，丧失人格独立性，应对否认关联公司法人人格，判令承担连带责任的情形。

最后，再审申请人应当证明原审判决存在应当再审的法定事由。在原审已对相关基本事实予以认定，而信 × 山东公司未能提供足够证据证明原审判决存在其主张的法定再审事由的情况下，信 × 山东公司申请本院调查取证、责令相关主体提交书证以证明其法定再审事由成立的主张，缺乏法律与事实根据，本院不予支持。

综上，信 × 山东公司的再审申请不符合《中华人民共和国民事诉讼法》第二百条第二项、第六项规定的情形。依照《中华人民共和国民事诉讼法》第二百零四条第一款、《最高人民法院关于适用

〈中华人民共和国民事诉讼法〉的解释》第三百九十五条第二款规定，裁定如下：

驳回信×山东公司的再审申请。

本案中，信×山东公司根据司法解释中书证提出义务制度和调查取证制度，向审理法院提交了《书证提出命令申请书》和《调查取证申请书》，主张其因客观因素无法调取证明案件基本事实的证据，申请法院责令泛×公司提交相应会计账簿、记账原始凭证等财务会计资料，向东营农村商业银行股份有限公司东城支行、中国建设银行股份有限公司东营东城支行、中国农业银行股份有限公司东营东城支行、中国工商银行股份有限公司东营东城支行等调取亨×铜业公司、兴×集团公司、兴×防腐公司、泛×公司等公司有关银行账户交易明细，以证明各公司之间存在财产混同。

从本案的裁决来看，信×山东公司为了获得上述证据，采取了两种证据获取制度——书证提出义务制度和法院调查取证制度，目的是增加成功系数。实际上，从证据获得的有效性看，仅书证提出义务制度即可。因为上述证据的获得完全符合书证提出义务的条件。

信 × 山东公司获得该上述书证的目的在于证明各关联公司之间存在财产上的混同。不过在本案的裁决中法院没有对该申请直接作出裁决，而是认为申请人没有证明再审申请具有再审事由，因而直接驳回了再审申请。这里涉及的问题是，信 × 山东公司要求提出的证据是否能够证明其再审事由，如果系能够证明再审事由的证据，那么，首先应该解决就该书证提出申请是否符合书证提出义务的规定。这里需要明确的是，书证提出义务制度并非只有进入本案再审之后才能适用，在再审申请阶段同样可以适用。这是因为再审程序由两个诉讼阶段构成——再审事由审查阶段与本案再审阶段。再审事由审查阶段不同于起诉事由的审查，再审事由是否存在需要再审申请人和被申请人就主张事实加以证明。因此，再审事由审查阶段也同样适用关于事实主张和证明的相关证据制度，包括书证提出义务制度。

最高人民法院关于民事诉讼证据的若干规定

第四十五条 当事人根据《最高人民法院关于适用〈中华人民共和国民事诉讼法〉的解释》第一百一十二条的规定申请人民法院责令对方当事人提交书证的，申请书应当载明所申请提交的书证名称或者内容、需要以该书证证明的事实及事实的重要性、对方当事人控制该书证的根据以及应当提交该书证的理由。

对方当事人否认控制书证的，人民法院应当根据法律规定、习惯等因素，结合案件的事实、证据，对于书证是否在对方当事人控制之下的事实作出综合判断。

第四十六条　人民法院对当事人提交书证的申请进行审查时，应当听取对方当事人的意见，必要时可以要求双方当事人提供证据、进行辩论。

当事人申请提交的书证不明确、书证对于待证事实的证明无必要、待证事实对于裁判结果无实质性影响、书证未在对方当事人控制之下或者不符合本规定第四十七条情形的，人民法院不予准许。

当事人申请理由成立的，人民法院应当作出裁定，责令对方当事人提交书证；理由不成立的，通知申请人。

第四十七条　下列情形，控制书证的当事人应当提交书证：

（一）控制书证的当事人在诉讼中曾经引用过的书证；

（二）为对方当事人的利益制作的书证；

（三）对方当事人依照法律规定有权查阅、获取的书证；

（四）账簿、记账原始凭证；

（五）人民法院认为应当提交书证的其他情形。

前款所列书证，涉及国家秘密、商业秘密、当事人或第三人的隐私，或者存在法律规定应当保密的情形的，提交后不得公开质证。

第四十八条　控制书证的当事人无正当理由拒不提交书证的，

人民法院可以认定对方当事人所主张的书证内容为真实。

控制书证的当事人存在《最高人民法院关于适用〈中华人民共和国民事诉讼法〉的解释》第一百一十三条规定情形的，人民法院可以认定对方当事人主张以该书证证明的事实为真实。

附件1：书证提出命令申请书样式

书证提出命令申请书

申请人：×××，男/女，××××年××月××日出生，×族，……（写明工作单位和职务或者职业），住……。联系方式：……。

法定代理人/指定代理人：×××，……。

委托诉讼代理人：×××，……。

被申请人：×××，……。

……

（以上写明当事人和其他诉讼参加人的姓名或者名称等基本信息）

请求事项：

裁定责令×××提交……（写明书证名称）。

事实和理由：

你院（××××）……号……（写明当事人和案由）一案，……

（写明书证在被申请人的控制之下的事实以及申请书证提出命令的理由）。

此致

××××人民法院

申请人（签名或者公章）

××××年××月××日

附件2：民事裁定书（申请书证提出命令用）样式

××××人民法院民事裁定书

（××××）……民×……号

申请人：×××，……。

……

被申请人：×××，……。

……

（以上写明申请人、被申请人及其代理人的姓名或者名称等基本信息）

……（写明当事人及案由）一案，本院于××××年××月××日立案。申请人×××向本院提出书面申请，请求本院责令×××提交……（写明证据名称），以证明……（写明证明对象）。

本院经审查认为，……（写明准许书证提出命令申请的理由）。

依照《中华人民共和国民事诉讼法》第六十四条、第一百五十四条第一款第十一项、《最高人民法院关于适用〈中华人民共和国民事诉讼法〉的解释》第一百一十二条规定，裁定如下：

（准许申请的，写明：）×××于××××年××月××日前向本院提交……。

无正当理由拒不提交的，本院可以认定申请人主张的书证内容为真实。

审　判　长　　×××

审　判　员　　×××

审　判　员　　×××

××××年××月××日

（院印）

本件与原本核对无异

书　记　员　　×××

第三章

鉴定意见及其运用

chapter 3

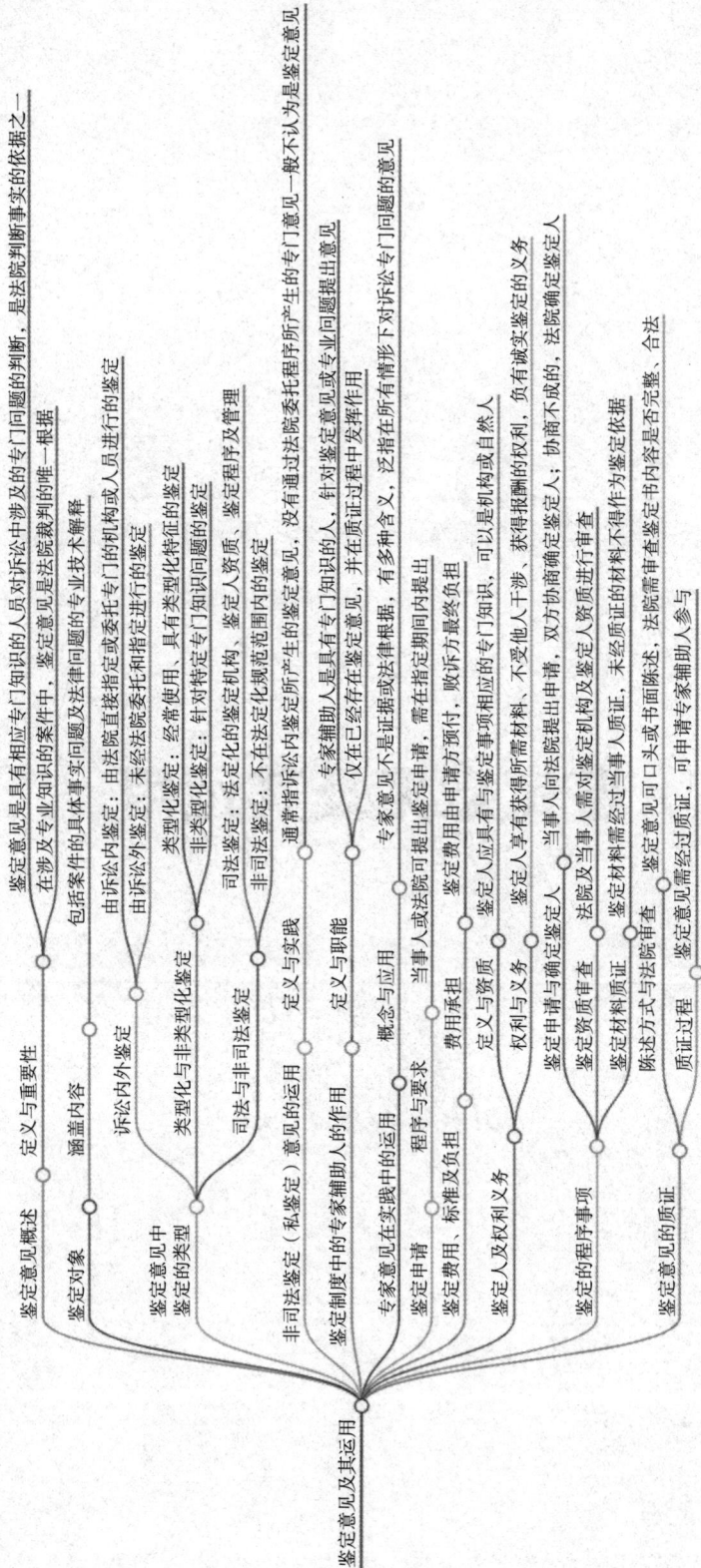

● 要点速览

鉴定意见及其运用

鉴定意见概述
- **定义与重要性**：鉴定意见是具有相应专门知识的人员对诉讼中涉及的专门问题的专门判断，是法院判断事实的依据之一
- **涵盖内容**：在涉及专业知识问题的案件中，鉴定意见是法律及法院裁判的专业技术解释

鉴定对象
- **诉讼内外鉴定**
  - 诉讼内鉴定：由法院直接指定或委托专门的机构或人员进行的鉴定
  - 诉讼外鉴定：未经法院委托和指定进行的鉴定

鉴定意见中鉴定的类型
- **类型化与非类型化鉴定**
  - 类型化鉴定：经常使用，具有类型化特征的鉴定
  - 非类型化鉴定：针对特定专门知识问题的鉴定
- **司法与非司法鉴定**
  - 司法鉴定：法定化的鉴定机构、鉴定人资质、鉴定程序及管理
  - 非司法鉴定：不在法定化规范范围内的鉴定

非司法鉴定（私鉴定）意见的运用
- **定义与实践**：通常指诉讼内鉴定程序所产生的专门意见。没有通过法院委托程序所产生的专业意见或专业问题提出意见

鉴定制度中的专家辅助人的作用
- **定义与职能**：专家辅助人是具有专门知识的人，针对鉴定意见，并在质证过程中发挥作用

专家意见在实践中的运用
- **概念与应用**：专家意见不是证据或鉴定意见，仅在已经存在鉴定意见，有多种含义，泛指在所有诉讼专门问题的意见

鉴定申请
- **程序与要求**：当事人或法院可提出鉴定申请，需在指定期间内提出

鉴定费用
- **费用承担**：鉴定费用由申请方预付，败诉方最终负担

鉴定人及权利义务
- **定义与资质**：鉴定人应具有鉴定事项相应的专门知识，可以是机构或自然人
- **权利与义务**：鉴定人享有获得所需材料、不受他人干涉，获得报酬的权利，负有诚实鉴定的义务

鉴定的程序事项
- **鉴定申请与确定鉴定人**：当事人向法院据以提出申请，双方协商确定鉴定人；协商不成的，法院确定鉴定人
- **鉴定资质审查**：法院应及当事人需对鉴定机构及鉴定人资质进行审查
- **鉴定材料质证**：鉴定材料需经过当事人质证，未经质证的材料不得作为鉴定依据

鉴定意见的质证
- **陈述方式与法院审查**：鉴定意见可口头或书面陈述，未经审查重鉴定书内容是否完整、合法
- **质证过程**：鉴定意见需经过质证，可申请专家辅助人参与

《民事诉讼法》第 7 条规定，人民法院审理民事案件，必须以事实为根据，以法律为准绳。法院作出裁判前必须对案件争议的事实进行认定。在民事诉讼的事实认定中，经常涉及对专业问题作出认定的问题。所谓的"专业问题"是一个相对的概念，"专业"只是相对于一般人的认识而言的。每一个领域都存在人们的一般日常生活常识所无法识别的问题，审理案件的法官也并非全知全能，因此就需要借助掌握专门知识的人对案件某些涉及专门知识的事实加以识别并作出判断。在民事证据法中，这些具有专门知识的人对涉及专门知识作出的判断就是鉴定意见。

　　鉴定意见的重要意义在于一旦法院认为案件的特定事实涉及专业知识需要进行鉴定时，鉴定意见就是唯一的判断根据。

一、什么是鉴定意见

对于民事诉讼中需要对专门知识予以判断的问题，适用大陆法系的国家和地区和适用英美法系的国家和地区采取了不同的应对方法。

适用大陆法系的国家和地区一般采用专家鉴定的方法，即由具有相应专门知识的人或机构对诉讼中涉及的专门问题提出自己的意见，法院以该意见为认定相应问题的根据。由具有专门知识的人或机构对专门问题的认定称为鉴定。作出认定的专家或机构称为鉴定人，其就案件涉及的专业问题发表的意见称为鉴定意见（鉴定结论）。鉴定人被认为是法官认识手段的延长，是法官的助手。

适用英美法系的国家和地区通常采用专家证人的方法。虽然也是由具有专业知识的人就诉讼中的专业问题提出自己的意见，但需要双方的专家证人就案件事实的真相发表意见，通过交叉询问之后，由法官或陪审团决定采信何方专家意见，被采用一方胜出。适用英美法系的国家和地区的做法典型地体现了英美法系诉讼全面对抗竞争的基本特点。

在案件专业问题的确认方面，我国采用的是大陆法系的专家鉴定的方法。鉴定人就案件专业问题的意见在现行法上称为鉴定意见。鉴定意见是我国《民事诉讼法》规定的一种证据形式，2012 年修改《民事诉讼法》之前被称为"鉴定结论"，修改为鉴定意见的目的是试图说明鉴定人发表的观点并非最终结论，只是一种供法院确认的意见。从中隐约折射出质疑鉴定人为法官认识手段的延长的观点。实际上，两种表述没有实质区别。

随着社会的发展，纠纷涉及的面越来越宽，纠纷也越来越复杂，涉及专门知识的案件也越来越多，如医疗纠纷案件、交通事故纠纷案件、工伤纠纷案件、产品质量纠纷案件、环境污染纠纷案件、房地产纠纷案件等。民事诉讼实行证明责任制度，负有证明责任的一方当事人如果没有证据证明自己的主张，就可能承担相应的不利后果。因此，鉴定意见就成为证明事实主张的一种十分重要的证明方法和手段，鉴定意见也越来越受到人们的重视。

二、鉴定对象

鉴定对象，是指诉讼中需要通过专门知识予以认定的客体，既包括作为裁判基础的具体案件事实问题，也包括作为裁判大前提的法律解释和适用方面的专业技术问题，即所谓法律问题。在我国，人们通常将鉴定对象理解为仅是案件的生活事实，如医疗纠纷诉讼中关于加害行为与损害事实之间的因果关系、具体损害结果等。

鉴定对象不仅包括生活事实，也包括法律规范存在与构成方面的知识，即使是法律解释和适用方面，也同样涉及相应的专门知识。虽然说理论上法官是法律解释和适用的专家，但基于法律的复杂性，法律解释和适用同样面临需要具有相应专门知识的专家予以认定的问题。因此，不能说法律适用问题就不是专业技术问题。但在我国的实践中，对于法律适用方面的专业技术问题并不适用于鉴定意见。一般认识是，法官是法律适用的专家，法律适用上的争议是如何正确理解法律的问题，不是涉及案件事实的争议。

| 问题答疑 |

问题：法律适用上的专业技术问题能否成为鉴定对象？

答疑：在我国的诉讼实践中，专家意见通常就是针对法律问题发表的意见，这些专家意见对法律解释和适用问题的解决具有重要作用。但我国尚未将专家法律意见的适用纳入民事诉讼法的规范之中，也就是说并没有在法律上承认法律专家意见的法律效力。专家意见通常只是法官适用法律问题的参考意见。

三、鉴定意见中鉴定的类型

根据不同的划分方法可以将鉴定分为若干类型，鉴定的类型划分有助于更好地适用于鉴定。

（一）诉讼内鉴定和诉讼外鉴定

诉讼内鉴定，是指在诉讼过程中，经当事人申请，由法院直接指定或委托专门的鉴定机构或具有专门知识的人对诉讼中争议的专门性问题所进行的鉴定；诉讼外鉴定，则是未经法院委托和指定所进行的鉴定。在有些国家和地区，未经法院委托的鉴定也称"私鉴定"。

诉讼外鉴定，多数是由当事人在诉讼发生前自行委托有关机构所进行的鉴定，如关于工伤事故的鉴定。诉讼外的鉴定意见是否可以作为证据使用，由法院决定。在诉讼发生以后，当事人需要获得鉴定意见的，通常是向法院提出鉴定申请，由法院委托鉴定机构对专门事项进行鉴定。自行委托有关部门作出鉴定意见的，容易被对方当事人根据诉讼内的鉴定意见予以否定。但诉讼外的鉴定意见只要法院认可也同样可以作为事实认定的依据。最高法院的判例也明确予以认可。在甘肃 ×× 电力集团有限公司与兰州 ×× 电力工程有限公司建设工程施工合同纠纷［（2021）最高法民申 4491 号］中，最高人民法院认为："兰州 ×× 公司对涉案工程进行施工后，甘肃 ×× 公司未及时与其进行结算，兰州 ×× 公司自行委托鉴定机构就涉案工程造价进行鉴定。鉴定机构依据兰州 ×× 公司提供的案涉工程图纸《劳务分包合同》《现场签证审批单》《工程审极现场查勘底稿》、工程联系单等材料作出了鉴定意见。兰州 ×× 公司将提供给鉴定机构的材料（除施工图纸外），已全部向一审法院提交，一审法院组织双方当事人进行了质证。二审法院传唤鉴定人到庭接受双方当事人质询，并就有关鉴定事项进行了说明。经法院释明，甘肃 ×× 公司不同意重新鉴定，亦无相反证据推翻鉴定意见，鉴定机构据实鉴定，鉴定意见能够客观反映工程造价，故原审法院按照鉴定意见认定本案工程各部分造价，符合法律规定。"

（二）类型化鉴定和非类型化鉴定

类型化鉴定，是指经常使用的、具有类型化特征的鉴定。类型化鉴定通常要求鉴定人具有鉴定资质。诉讼中较多的是类型化鉴定，如医疗事故的鉴定、产品质量的鉴定等。对于专业问题的鉴定，如果法律规定必须由鉴定机构进行鉴定的，则须依照法律的规定，否则其鉴定意见不具有法律效力。

非类型化鉴定，是指类型化鉴定之外的、针对特定专门知识问题的鉴定；由于并不经常出现，通常对鉴定人没有特定资质要求，只要具有相应的专门知识就可以进行。例如，对字画的鉴定、特定物品特征的鉴定等。

（三）司法鉴定与非司法鉴定

鉴定还可以根据鉴定机构、鉴定人、鉴定活动是否法定化，划分为司法鉴定和非司法鉴定。

与非司法鉴定相比，司法鉴定的主要特点是鉴定机构、鉴定人的资质、鉴定程序及管理的法定化。2015 年 12 月司法部颁布修订后的《司法鉴定程序通则》，并于 2016 年 5 月 1 日起施行。在该通则中明确将司法鉴定定义为："司法鉴定是指在诉讼活动中鉴定人运用科学技术或者专门知识对诉讼涉及的专门性问题进行鉴别和判断并提供鉴定意见的活动。"该通则还规定，司法鉴定程序是指司法鉴定机构和司法鉴定人进行司法鉴定活动的方式、步骤以及相关规则的总称。该通则所指的司法鉴定机构和司法鉴定人就是按照有关法律法规和规章所规定的鉴定机构和鉴定人。《司法鉴定程序通则》是司法鉴定行为的主要规范，目的主要在于规范司法鉴定行为，对司法鉴定活动进行有效管理。非司法鉴定不属于《司法鉴定程序通则》以及有关司法鉴定的规范范围。《民事诉讼法》关于鉴定的相关规定主要是规范诉讼活动中法院、当事人、鉴定机构或鉴定人三者之间的关系。关于司法鉴定的规范主要是对司法鉴定机构、程序及鉴定行为的规范。如果司法鉴定行为违反司法鉴定规范则司法鉴定是违法的，在诉讼上也就不具有鉴定的法律效力。

非司法鉴定对鉴定机构、程序以及鉴定行为虽然没有法律规范的相应要求，但也同样要满足鉴定规范的要求，按照民事诉讼诚实信用原则的要求完成鉴定活动。

| 问题答疑 |

问题1：只有诉讼内的鉴定意见才能作为法律上有效的判断根据吗？

答疑：法律并没有规定只有诉讼内的鉴定意见才能作为案件争议事实的判断根据。诉讼外的鉴定意见，通常是在提起诉讼之前形成的鉴定意见，只要法院采纳也同样可以作为争议事实的认定根据。但是，一般情况下，诉讼外或诉讼前的鉴定意见对另一方当事人都是不利的，因此，对方当事人不会同意该鉴定意见，并指出该鉴定意见在鉴定人的确定、鉴定材料等方面都存在瑕疵，要求法院重新组织鉴定。在这种情形下，法院也可能基于中立的立场会考虑重新组织鉴定。于是，诉讼外的鉴定意见通常不会被采纳。当然，如果当事人能够说服法院采纳该鉴定意见，也并非不合法。

问题2：另案中涉及本案事实的鉴定意见能否作为本案民事裁判的证据？

答疑：在司法实践中，往往存在着本案之外的其他案件（比较常见的是刑事案件）中的鉴定意见涉及本案事实的情形。对于这种情形，如果本案一方当事人主张，对方当事人予以认可的，该鉴定意见作为认定争议事实的认定依据是可以的。这种情形下，之所以另案鉴定意见可以作为证据使用，是因为当事人双方的认可，即通过证据协议使得该鉴定意见具有了证据资格。如果没有对方当事人的认可，从鉴定意见所具有的特定性而言，另案鉴定意见不能作为本案的鉴定意见使用，不具有鉴定意见的证据资格。这是因为鉴定意见只能是针对本案中双方当事人争议的事实所作出的专业判断，鉴定意见的启动在程序上必须是经本案当事人同意或在法律规定的情形下法院依职权而作为。鉴定的对象或客体是当事人双方所确定的争议事实，鉴定人或机构也必须按照一定的程序加以确定为法院或当事人认可，鉴定意见作出之后还需要经过当事人的询问、质证。由于另案鉴定意见没有经过上述程序，因此另案中的鉴定意见在本案中不能作为争议事实的认定根据使用，除非得到当事人双方的认可。

四、非司法鉴定（私鉴定）意见的运用

在我国的诉讼实践中，鉴定意见通常是指诉讼内鉴定所产生的鉴定意见。没有通过法院委托程序所产生的专门意见一般不认为是鉴定意见。《民事诉讼法》第82条规定，当事人可以申请人民法院通知有专门知识的人出庭，就鉴定人作出的鉴定意见或者专业问题提出意见。《民诉解释》第122条第1款规定，当事人可以依照《民事诉讼法》第82条的规定，在举证期限届满前申请一至二名具有专门知识的人出庭，代表当事人对鉴定意见进行质证，或者对案件事实所涉及的专业问题提出意见。实际上，《民事诉讼法》和《民诉解释》都提到，这类意见也应该属于鉴定意见，只不过不属于诉讼内鉴定意见，而属于有些国家和地区所说的私鉴定意见。由于没有将这类意见纳入鉴定意见，认识上也就容易产生混乱。

非司法鉴定或诉讼外的鉴定意见多数情形下是在纠纷发生之后、诉讼之前形成的。例如，因汽车产品质量问题发生纠纷后，汽车厂家对该汽车是否存在质量问题所进行的鉴定；医疗纠纷发生之后，患者对医疗损害原因所做的鉴定等。对于诉讼外的鉴定意见或私鉴定意见的证据适格及效力，《民事诉讼法》没有规定，因此，对此有不同的认识。在证据适格方面，有的观点认为，诉讼外的鉴定意见不属于《民事诉讼法》上规定的鉴定意见，也不属于书证，而是当事人陈述的一种特殊情形。《民诉解释》第122条第2款规定，具有专门知识的人在法庭上就专业问题提出的意见，视为当事人的陈述。笔者

认为，具有专门知识的人在法庭上就专业问题提出的意见不能视为当事人的陈述，而应视为鉴定意见，属于鉴定意见中的诉讼外的鉴定意见。只不过这种诉讼外的鉴定意见作为证据，其证据的证明力不及诉讼内的鉴定意见。是否具有证明力应当由法院自由裁量。如果法律明确规定予以排除时，该鉴定意见不具有证据能力。如果属于诉讼外的鉴定意见，则其鉴定人的专家身份必须得到认可。相反，作为当事人的陈述则无须对其是否具有相应的专门知识予以确认。在证据调查的程序和方法上，鉴定意见与当事人的陈述也有所不同。视为当事人的陈述，则当事人对提出鉴定意见的人的陈述可以补充、修正，如果是鉴定人则其地位是独立的，当事人不得进行干预。

关于诉讼外鉴定或私鉴定的法律地位问题，我国《民事诉讼法》中没有明确的规定。如上所述，尽管法律规定当事人可以在诉讼中聘请具有专门知识的人就专门问题提出意见。但是，问题在于具有专门知识的人的中立性难以保证，如果对对方当事人不利，则对方当事人不会认同该具有专门知识的人的意见，也就必然争议不断。为了解决争议，比较好的方法是尽可能将专门性问题的认定纳入诉讼内鉴定程序之中。当事人没有申请鉴定的，法院应当在征求当事人同意的情形下按照程序委托进行鉴定。如果当事人双方不同意，则应告知当事人证明不能的，将按照证明责任进行裁判。实践中的主要问题是，负有证明责任的一方当事人往往不愿意就需要鉴定的专门性问题申请鉴定，因为这会涉及鉴定的申请程序和鉴定费用垫付的问题。如果将所有的专门性问题的鉴定全部纳入鉴定程序，就需要合理地设计鉴定程序。例如，对于需要临时鉴定的专门性问题，可以按照有别于当事人申请鉴定的程序而由法院委托鉴定人或鉴定机构尽快作出鉴定意见。

按照《民事诉讼法》的规定，就产生了鉴定制度和专家证人制度的双轨制问题。双轨制问题的产生主要是因为我国难以真正实行交叉询问制，而没有交叉询问制，专家证人制度无法正常运转。因此，双轨制也必然导致就鉴定意见提出质询的专家辅助人与专家证人之间关系的混乱。现在学界关于专家辅助人与对专门性问题提出专家意见的议论就存在诸多分歧。

五、鉴定制度中的专家辅助人的作用

在民事诉讼实践中，经常会遇到"专家辅助人"这一概念。如何理解这一概念，存在一定的差异。《民事诉讼法》第 82 条规定，当事人可以申请人民法院通知有专门知识的人出庭，就鉴定人作出的鉴定意见或者专业问题提出意见。在这里，具有专门知识的人实践中称为专家辅助人。根据《民事诉讼法》的规定，其职能只是针对鉴定意见或者专业问题提出意见。在诉讼实践中，只有已经存在鉴定意见并在质证过程，专家辅助人才会发挥作用。这里存在的问题是，专家辅助人的质询的性质问题。

由于是受当事人的委托对鉴定意见提出的质询，因此，专家辅助人的意见可以相当于或者视为当事人的陈述，不同于一般具有中立地位的证人和鉴定人（包括诉讼外鉴定人）。由于案件事实的认定涉及专业知识，法官对此也难以判断，因此法院需要借助专家辅助人的质询，判断该鉴定意见是否应当予以采纳。对于质询，除了鉴定人可以予以回答，对方当事人也可以进行辅助性回答。是否可以委托专家进行反质询，也是一个值得研究的问题。因为专家辅助人针对的是鉴定意见，所以一般不应允许另一方当事人委托专家辅助人参加诉讼。

六、专家意见在实践中的运用

在我国民事诉讼中，专家意见还不是一个法律专业术语。专家意见既不是证据，也不是法律根据。

专家意见也有多种含义。一种含义是泛指所有情形下对诉讼专门问题提出的意见，甚至包括鉴定人也称为专家证人；还有一种含义是专指英美法系中专家证人所发表的意见；除此之外，在我国，专家意见还特指在诉讼过程中法律方面的专家就法律问题提供的专门意见，常见的是关于某案件法律问题的专家意见。

法律专家就法律问题提出的专家意见分为两种：一种是一方当事人委托法律专家就涉案法律问题所提出的意见；另一种是法院就某案法律问题委托法律专家提出的意见。前者通常会提交给法院，以供参考，但通常不会在法庭审理中公开出示；后者也用于法院裁判时参考，也不会在法庭审理中公开出示。无论是当事人委托的法律专家所作的专家意见，还是法院委托法律专家作出的专家意见，对法院的裁判都没有法律上的约束力。实践中，法院委托法律专家作出的专家意见相比而言更有证明力。专家意见无论是一审、二审，还是再审都有可能提出。多数情形下是在二审或再审中提出。

专家意见是否纳入诉讼法规范的范围是一个存有争议的问题。如果将专家意见纳入诉讼法规范的范围，就将涉及专家意见的公开以及判断的问题。有的观点认为，专家意见涉及的是法律问题，属于法官适用法律的范畴，没有必要公开。笔者认为，案件涉及的法律问题，当事人也有权在诉讼中进行辩论，法官可以通过当事人对法律问题的辩论更好地适用法律。专家意见实际就是当事人对法律问题认识手段的延长。法官通过专家意见以及对专家意见的辩论无疑会提高法律适用的水平，有助于法律适用的公开化。在适用英美法系的国家和地区，只要是当事人认为涉及法律适用或理解的专门性问题，就可以向法院提交有关专家意见。通常情况是由律师向当事人提出建议，然后，当事人委托律师，律师委托专家就相关法律问题提出意见。法官认为有必要时，可要求出具专家意见的专家作为专家证人出庭就专家意见进行陈述。

专家意见在实践运用中的问题

专家意见论证的是法律问题，不是事实问题。发表意见的是法律专家，发表的意见是关于法律适用的理解，因此不涉及事实问题。涉及事实问题的认定，如果是专业知识方面，则属于鉴定专家所要判断的内容，一般的事实问题由法官进行判断。

这里应当注意的是，关于事实认定的法律规则的认识属于法律问题，而非事实问题，专家可就这些问题发表专家意见。例如，关于事实的证明以及证明责任的分担、事实认定是否违反法律规定等。

专家意见不具有法律上的约束力，对审理法院仅具有参考意义，进行论证的专家不对其专家意见对案件是否发生作用承担责任。论证专家意见通常在法院裁判时法官之间存在争议的情形下更具有意义，对法院作出裁判起到辅助作用。

法律专家意见常见格式：

×××诉×××案件论证专家意见书

202x 年 x 月 x 日

专家论证受托人：

参加案件论证专家：

委托方提供的资料目录：

（具体资料附后）

案件论证的法律问题：

（如本案争议合同的性质、合同是否成立等）

专家论证意见基本观点及理由

专家签名

时间

七、鉴定申请

当案件争议事实涉及专门知识问题时，通常一方当事人会要求法院组织鉴定，以确定该争议的事实。按照《民事证据规定》第31条第1款规定，当事人申请鉴定，应当在人民法院指定期间内提出。申请鉴定的人一般应当是对鉴定事项负有证明责任的当事人，如果该当事人对该事项不负有证明责任，也就不会申请鉴定。《民事证据规定》第31条第2款还指出，对需要鉴定的待证事实负有举证责任的当事人，在人民法院指定期间内无正当理由不提出鉴定申请或者不预交鉴定费用，或者拒不提供相关材料，致使待证事实无法查明的，应当承担举证不能的法律后果。这意味着如果在指定的期间内没有进行鉴定的，以后将不可能再进行鉴定。

根据《民事诉讼法》第79条的规定，当事人可以就查明事实的专门性问题向人民法院申请鉴定。当事人申请鉴定的，由双方当事人协商确定具备资格的鉴定人；协商不成的，由人民法院指定。当事人未申请鉴定，人民法院对专门性问题认为需要鉴定的，应当委托具备资格的鉴定人进行鉴定。法院主动依职权开启的鉴定，称为职权鉴定。实践中，法院依职权开启鉴定的情形较少。根据《民诉解释》第 121 条第 3 款的规定，符合依职权调查收集证据条件的，人民法院应当依职权委托鉴定，在询问当事人的意见后，指定具备相应资格的鉴定人。

应当注意的是，在诉讼进程中如果出现了需要鉴定的事项，就不应受指定期间的限制。例如，在诉讼中，需要通过鉴定证明其反驳主张成立或将鉴定意见作为反证时，这时的鉴定往往是根据诉讼进程而适时提出的。

八、鉴定费用、标准及负担

1. 鉴定费用

鉴定费用是指鉴定所开支的必要费用，包括设备使用、鉴定人员的劳务等。

一方当事人申请鉴定的，应当预付鉴定费用。双方当事人共同申请的，双方分担预付鉴定费用。申请人不预付鉴定费用的，申请不能成立。如果该当事人胜诉，其鉴定费用作为诉讼费用由对方当事人负担。在双方都不愿意预付鉴定费用，同时法院又认为有必要进行鉴定时，通常会告知对该事实承担证明责任的一方，如果不鉴定导致该事实真伪不明，要承担相应的不利后果。在这种情况下，一般鉴定费用由对该事实具有证明责任的一方当事人预付。

2. 鉴定费用收取的标准

目前，《民事诉讼法》和相关司法解释没有对鉴定费用收取的标准作出明确规定。实践中，因为申请鉴定的一方当事人需要事先垫付有关的鉴定费用，所以通常都需要按照一定的标准大致计算出鉴定费用。如果属于司法鉴定则按照有关司法鉴定的收费标准支付鉴定费用。如果是非司法鉴定则按照行业收费标准。没有行业收费标准的，法院与受委托的鉴定人或机构进行协商确定费用。关于司法鉴定收费的行政性规范文件主要有《司法鉴定收费项目和收费标准基准价（试行）》等。

3. 鉴定费用的负担

由于鉴定费用属于诉讼费用的一部分，因此鉴定费用最终由败诉人负担。双方达成调解或和解的，由双方协商负担。鉴定人出庭的有关费用按照证人出庭作证的标准由申请鉴定的一方当事人垫付。诉讼结束后，该费用也纳入诉讼费用并按照诉讼费用承担原则负担。

虽然鉴定费用需要当事人一方事先垫付，其作为诉讼费用最终是由败诉人负担，但诉讼毕竟需要相当长的时间，因此，实践中，鉴定应当由谁申请常常会发生争议。一般情况下，在涉及专门性问题的争议时，法院都会告知或阐明负有证明责任的一方当事人申请有关鉴定。

九、鉴定人及权利义务

（一）鉴定人的含义

鉴定意见是由具有专门知识的人作出的，因此，鉴定人应当具有与鉴定事项相应的专门知识。是否具有相应的专门知识，与鉴定人是否具有学历或职称无关，只要具备相应的专门知识就可以成为鉴定人。鉴定人是否具有专门知识由法院依据有关事实判断裁量。

在我国，一般认为鉴定人是指作出鉴定意见的机构或自然人。鉴定人有两种含义：一种是指鉴定机构中具体进行鉴定的工作人员；另一种是作为自然人的鉴定人。笔者认为，鉴定人只能是自然人，因为知识只能是由作为个体的人加以运用的，当然，作为自然人的鉴定人可以属于一定的鉴定机构，鉴定机构是对特定鉴定人进行管理的机构。从实践来看，相比较而言，以鉴定机构作为鉴定人弊端较多。我国目前的体制是鉴定机构可以作为鉴定人。按照《民事证据规定》的规定，鉴定机构和鉴定人员，可以由当事人双方协商确定，协商不成的，由法院指定。双方协商的鉴定机构、鉴定人员也必须具有鉴定资格。这里的鉴定资格是指法律、法规规定具有鉴定资质的机构和人员。

（二）鉴定人与证人、鉴定证人的区别

鉴定人与证人的区别

鉴定人与证人的区别在于：鉴定人是以自己的专门知识在案件争议发生后对案件事实进行认定的；证人则以自己亲历过程陈述自己所感知的案件事实。简而言之，证人是案件事实发生过程的亲历者，而鉴定人不是案件事实发生过程的亲历者。

在其他一些证据法理论上，还有鉴定证人的概念。这一概念主要用于说明具有专门知识的人以自己的专业经验就自己亲历的案件事实在法院所作陈述的情形。鉴定证人在性质上不是鉴定人而是证人，因此，在询问时应当适用证人的相应规则。因为鉴定人具有可替代性，而鉴定证人强调的是亲历性，所以具有不可替代性。鉴定证人如果没有正当理由，可以实施拘传，而鉴定人不能适用拘传。

（三）鉴定人的权利

鉴定人在鉴定过程中享有如下权利：（1）有权获得鉴定所需要的所有材料；（2）有权按照鉴定人所掌握的知识技术进行鉴定，不受他人的干涉；（3）鉴定人有权获得相应的报酬。

（四）鉴定人的义务

1.鉴定人的义务的性质

鉴定人对专业问题的鉴定是以自己的专门知识服务于国家司法

权或审判权的行使，是一种对国家的义务，因此在没有正当理由的情形下，具有相应专门知识的人不能拒绝法院委托的鉴定。所谓正当理由包括没有鉴定的能力和条件。例如，已经无法对某物进行质量鉴定或鉴定人不具备作出鉴定的物质条件等。

2. 鉴定人诚实鉴定的义务

鉴定人应当尽心尽职、诚实地完成法院委托的鉴定事项。

虚假鉴定是鉴定实践中实际存在的问题。为了防止虚假鉴定，可以考虑采取与防止证人作伪证相同的措施——要求鉴定人对鉴定的真实性进行保证，并对作出虚假鉴定的进行处罚。在程序上，可以在鉴定开始之前，要求鉴定人向本案诉讼的人民法院签署保证书。保证书中应当载明鉴定人保证公正、诚实地进行鉴定，如作虚假鉴定愿意接受处罚等内容。

鉴定人作虚假鉴定的，人民法院应当责令其退回鉴定费用，并应当根据情节，依照《民事诉讼法》第114条第1款第1项、第118条的规定处理。

3. 鉴定人在一定条件下出庭接受质证的义务

根据《民事诉讼法》第81条的规定，当事人对鉴定意见有异议或者人民法院认为鉴定人有必要出庭的，鉴定人应当出庭作证。经人民法院通知，鉴定人拒不出庭作证的，鉴定意见不得作为认定事实的根据；支付鉴定费用的当事人可以要求返还鉴定费用。

在我国的民事诉讼中，鉴定意见完成之后，鉴定人并不需要在法庭上以言词方式陈述鉴定意见并接受当事人的质询，而是在法院将鉴定意见告知当事人后，当事人对鉴定意见提出异议，当事人收到鉴定人的书面答复后仍有异议的，法院认为有必要的，才会通知鉴定人出庭。另外，《民事证据规定》要求鉴定人出庭质证的一方当事人还需要缴纳鉴定人出庭的费用，如果不缴纳费用视为放弃了异议。从民事证据规定的精神来看，其意图是应当尽量避免鉴定人出庭接受质证。规则制定人的理由是，当事人并非掌握专门知识的人，对鉴定意见予以质证效果并不好。但问题在于，这是当事人的一项诉讼权利，并且只有鉴定人出庭才能达到质证的效果，同时《民事诉讼法》也规定当事人可以聘请专家辅助人辅助当事人进行质证。

十、鉴定的程序事项

1. 提出鉴定申请、确定鉴定人

当事人申请鉴定，应当在人民法院指定期间内提出。在案件受理后，法院将确定举证期限。鉴定申请一般应在举证期限内提出。但是，如果是在举证期限之后，遇到需要临时鉴定的事项时，也可以临时提出鉴定申请，并非只能在诉讼初期确定的举证期限内提出鉴定申请。

一般情形下，鉴定由当事人向审理法院提出申请，要求法院组织鉴定，例外情形是，由法院依职权组织进行鉴定。依职权委托鉴定的，应当符合依职权调查收集证据条件。这一点应当注意。《民事诉讼法》第79条第1款规定，当事人可以就查明事实的专门性问题向人民法院申请鉴定。当事人申请鉴定的，由双方当事人协商确定具备资格的鉴定人；协商不成的，由人民法院指定。

实践中的做法是，当事人向法院申请鉴定的，法院同意后将告知双方当事人首先进行协商以确定具备相应资格的鉴定人。存在多个鉴定机构时，法院可将鉴定机构及鉴定人的名单交给双方当事人，由当事人协商确定，当事人同意抽签确定的，也可以用抽签方式予以确定。当事人协商不成的，也无法适用抽签方式的，由人民法院指定。实践中为了避免争议，即使是人民法院指定鉴定机构及鉴定人的也会征求当事人双方的同意。

有经验的当事人或律师通常会让法院给予适当的时间对名单中的鉴定机构和鉴定人的资信情形进行了解。

2. 法院和当事人对鉴定机构及鉴定人的鉴定资质进行审查

对于进行类型化鉴定的鉴定机构及鉴定人，法院通常比较熟悉，随时可以提出鉴定机构及鉴定人名单以备当事人选择确定。法院必须依职能对鉴定机构及鉴定人的资质进行审查。

虽然有法院的审查，但当事人也需要对鉴定机构及鉴定人的资质予以复查，以防万一。更重要的是鉴定行为是自然人的个体行为，因此，审查的重点是鉴定人员的资质，以免不具备鉴定人资质的人进行鉴定。

3. 对鉴定材料的质证

根据《民事证据规定》第 34 条第 1 款的规定，人民法院应当组织当事人对鉴定材料进行质证。未经质证的材料，不得作为鉴定的根据。鉴定材料是否属于本案中应当鉴定的材料事关鉴定意见的真实性问题。同时，为了能够有效地说服双方当事人接受鉴定意见，鉴定材料应当经过当事人双方的质证（准确地讲应当是认证）。

十一、鉴定意见的质证

（一）鉴定意见的陈述方式

证人证言的陈述方式原则上是口头陈述，书面形式为例外。尽管鉴定书也应当以口头陈述方式加以陈述，但这是诉讼言词原则的要求。鉴定人对鉴定意见的陈述既可以是口头方式，也可以是书面方式。即使有书面鉴定意见，法院也可以根据具体情形让鉴定人就鉴定意见作口头陈述。

（二）法院对鉴定书的审查

鉴定书是鉴定意见的文本载体。

按照《民事证据规定》的要求，人民法院对鉴定人出具的鉴定书，应当审查是否具有下列内容：（1）委托法院的名称；（2）委托鉴定的内容、要求；（3）鉴定材料；（4）鉴定所依据的原理、方法；（5）对鉴定过程的说明；（6）鉴定意见；（7）承诺书；（8）鉴定书是否有相关人的签章（这一点没有列为鉴定书的必要事项，而是作为另款内容加以规定），即"鉴定书应当由鉴定人签名或者盖章，并附鉴定人的相应资格证明。委托机构鉴定的，鉴定书应当由鉴定机构盖章，并由从事鉴定的人员签名"。这一点的重要性在于，没有相关人的签章，该鉴定书没有法律上的效力，鉴定意见亦是无效的。鉴定书的其他内容主要是为了便于对鉴定意见进行质证。

（三）对鉴定意见的质证

任何证据（除了对方认可的证据）都需要通过质证过程以确定证据的真实性、可采性（合法性）和关联性。鉴定意见作为证据的一种也必须如此。

我国的质证程序相当于域外诉讼中的证据调查，通过质证程序以确定该证据的效力。《民事诉讼法》第71条前段规定，证据应当在法庭上出示，并由当事人互相质证。《民诉解释》第103条第1款规定，证据应当在法庭上出示，由当事人互相质证。未经当事人质证的证据，不得作为认定案件事实的根据。鉴定意见作为证据自然也应当经过质证。由于鉴定意见涉及专门知识，因此《民诉解释》规定，在举证期限届满前申请一至二名具有专门知识的人出庭，代表当事人对鉴定意见进行质证。具有专门知识的人即专家辅助人，双方当事人都可以申请专家辅助人就鉴定意见进行质证。通常情形是鉴定意见对其不利的一方当事人会申请专家辅助人在质证中质疑鉴定意见，以便否定该鉴定意见。鉴定意见对其有利的一方当事人一般不会申请专家辅助人参与质证，当然在有些情形下，该当事人为了对对方当事人的专家辅助人的质证进行更为有效的防御，也可能申请专家辅助人对鉴定人提供专业上的帮助。

十二、申请重新鉴定需要满足的条件

当事人申请重新鉴定在民事诉讼中是经常发生的事情。一旦鉴定结果对己方不利，该当事人就有可能申请重新鉴定，以获得对自己有利的鉴定意见。申请重新鉴定也意味着对已经鉴定过的对象再次进行鉴定，在消极的意义上就是所谓的重复鉴定问题。

重新鉴定或重复鉴定的消极后果主要是：（1）迟延或拖延诉讼；（2）增加司法裁判的成本，虽然鉴定费用由败诉者承担，但诉讼的迟延和程序的反复也将提高司法裁判的成本；（3）重复鉴定可能因为鉴定方法、鉴定条件和环境的不同，导致鉴定意见的不统一而使案件变得更为复杂。正是基于这些原因，《民事证据规定》对重新鉴定从程序上加以限制，而不考虑实体问题。实体上是否科学、正确、妥当，从法官的角度很难把握，而程序性事项比较容易判断。鉴定没有遵循程序，即没有满足程序上的正义，实体结果也就不能得到承认。

关于重新鉴定，最高人民法院 2001 年的《民事证据规定》专门做了相应的规定。该规定第 27 条第 1 款规定：当事人对人民法院委托的鉴定部门作出的鉴定结论有异议申请重新鉴定，提出证据证明存在下列情形之一的，人民法院应予准许：（1）鉴定机构或者鉴定人员不具备相关的鉴定资格的；（2）鉴定程序严重违法的；（3）鉴定结论明显依据不足的；（4）经过质证认定不能作为证据使用的其他情形。对有缺陷的鉴定结论，可以通过补充鉴定、重新质证或者补充质证等方法解决的，不予重新鉴定。

不过，2015 年《民诉解释》并没有吸收《民事证据规定》的规定，没有对申请重新鉴定作出限定。

2015 年《民诉解释》对申请重新鉴定不作限定的原因，有可能是某些特殊情形下从实质上考虑重新鉴定的必要性；根本上还是认为，程序正义不能规制实质正义，违反鉴定的程序性规范也不能否定鉴定的实体正义。但这样的考量有可能动摇程序正义的基本价值，这也是整个诉讼法的价值基础。因此笔者建议应当考虑保留《民事证据规定》关于对申请重新鉴定的程序性限制的规定。当然，这里也涉及如何理解《民诉解释》与《民事证据规定》两个司法解释的关系问题。《民诉解释》中明确规定，最高人民法院以往的司法解释与《民诉解释》冲突的自动作废。从这一表述来看，以往的司法解释与《民诉解释》没有冲突的应当依然有效。但问题是，原来的司法解释有规定，而现在的《民诉解释》没有规定是否也属于冲突？如果不属于冲突，则《民事证据规定》关于重新鉴定的限制性规定就是有效的。但《民诉解释》既然没有吸收是否也意味着不予认可，这是一个模糊的问题。

2019 年《民事证据规定》进行了修订，再次明确重新鉴定的条件，保留了 2001 年《民事证据规定》的相关规定（在表述上有所调整）。并明确存在重新鉴定条件的，鉴定人已经收取的鉴定费用应当予以退还。

对鉴定意见的瑕疵，可以通过补正、补充鉴定或者补充质证、重新质证等方法解决的，人民法院不予准许重新鉴定的申请。

已经重新鉴定的，原鉴定意见不得作为认定案件事实的根据。

对有缺陷的鉴定意见，可以通过补充鉴定、重新质证或者补充质证等方法解决的，不予重新鉴定。

| 问题答疑 |

问题 1：重新鉴定的事由包括鉴定人不具备鉴定资格，那么，应当如何把握鉴定人的鉴定资格？

答疑：对鉴定人的资格要求，是针对类型化鉴定或者司法鉴定而言的。对于私鉴定没有要求，由法院根据需要鉴定的具体对象自由裁量而定，如关于字画古董等的鉴定。

在司法鉴定中，鉴定人是否需要具有相应的鉴定资格，由相关鉴定类型的有关规定确定。例如，实践中的三大类鉴定——法医类鉴定、物证类鉴定、声像资料类鉴定，都有对司法鉴定人资格的要求。对具有鉴定资格的人通常都会颁发相应的资格证书。资格证书是该鉴定人是否具有鉴定资格的基本凭证。随着司法鉴定的范围越来越广泛，上述三大类鉴定之外的鉴定需要根据相应的行业规范去判定鉴定人的资格。因此，只有对行业规范比较熟悉的人才能对该行业的鉴定人资格有充分的把握。

在把握鉴定人资格方面应当特别注意的是，鉴定书的签字人与实际鉴定人的同一性。在鉴定实践中，有可能存在鉴定书上签字的人有二人以上的情形，在这些鉴定人中有的鉴定人有鉴定资格，有的鉴定人并没有鉴定资格，而鉴定实际上是由没有鉴定资格的人实施的。这种情形通过对鉴定意见的质证是可以发现的，如果存在此种情形，鉴定应当视为其鉴定意见为无鉴定资格的人所为。

问题 2：如何理解重新鉴定事由中的"鉴定程序严重违法"？

答疑：首先应当明确"鉴定程序严重违法"属于鉴定程序违法或不合法的一种情形，表达了不合法达到一定程度。也就是说，并非鉴定程序不合法就符合重新鉴定的条件，只有严重违法才能构成重新鉴定的事由。有意思的是，《〈最高人民法院关于民事诉讼证据的若干规定〉的理解与适用》在这一问题上恰恰回避了这一点，而是从合法性角度来阐释的，这显然没有达到理解与适用的要求。

笔者认为，鉴定程序严重违法可以作以下理解。

1. 鉴定人应当回避而没有回避。回避制度是《民事诉讼法》所规定的一项制度，民事诉讼中的司法鉴定也应当适用这一制度。应当回避而没有回避不仅影响鉴定的客观公正，也违反了程序正义的要求。因此，属于程序严重违法行为。

2. 鉴定的材料没有经过当事人质证和法院的认证。此类违法行为也因为会影响鉴定的实体公正和程序公正，属于程序严重违法行为。《民事证据规定》第 34 条也明确规定，未经质证的材料，不得作为鉴定的根据。

人们可能有这样的认识：即使当事人没有对鉴定材料进行质证，也并不意味着鉴定材料一定是错的，因此没有必要如此计较。但从程序正义的角度，鉴定意见要能够为当事人所信服就必须给予当事人程序保障和程序参与的权利。这里适用质证这一概念恐有不妥。质证是对证据的质辩，是在已经存在证据的前提下，对证据的质辩活动。鉴定材料只是用于鉴定的对象，因此还是适用认证这一概念比较妥当。最终形成的鉴定意见才是质证的对象。

《民事证据规定》中还有很多关于鉴定的程序要求，但即使违反这些程序要求，也尚不能构成程序上的严重违法，通常可归入程序上的瑕疵行为，如鉴定人没有签署承诺书、法院没有向当事人送交鉴定书、鉴定人未能在法院规定的时间内完成鉴定等。

案例评析
||||||||||||||||||

王某芝诉许某鹤道路交通事故人身损害赔偿纠纷案

2009年10月21日11时45分许，许某鹤驾驶津×××206号轿车沿天津市红桥区回棋路由南向北行驶至红星美凯龙家具装饰广场附近时，遇王某芝由西向东跨越中心隔离护栏，后王某芝倒地受伤，被120急救车送往天津市人民医院救治。天津市公安交通管理局出具交通事故证明载明："当时双方对此事故的基本事实陈述不一致，都无法提供证人及证明交通事故事实的相关证据。"交警西站大队于2009年10月27日向天津市天津天通司法鉴定中心委托，鉴定津×××206号车是否与行人王某芝身体接触。《交通事故痕迹鉴定意见书》鉴定意见为："不能确定×××206号小客车与人体接触部位。"

2010 年 12 月 15 日，王某芝以许某鹤驾车将其撞伤且拒不承认为由向法院起诉，向许某鹤索赔。许某鹤辩称，王某芝系在跨越过程中自己不慎摔倒在红旗路南向北第一条机动车道内，许某鹤发现情况后立即采取制动措施并向左打转向，车辆在原告身前停住，双方无接触。2011 年 3 月 23 日经委托天津市天意物证司法鉴定所出具〔2011〕鉴伤字第 158 号伤残评定意见书载明：王某芝右下肢损伤构成八级伤残；原告定残时年满六十八周岁，其残疾赔偿金参照 2010 天津市城市居民人均可支配收入计算为 87 454.8 元。原告因鉴定支付鉴定费 1000 元，检查费 90 元，原告因就医支付交通费 723.6 元。

一审法院经审理认为，关于赔偿责任的确定，庭审中，原、被告双方就被告驾驶车辆是否与原告发生碰撞进行诉辩与举证，但根据原告提交的相关证据以及本院自人民医院的调查笔录，天通司法鉴定中心出具的情况说明，本院无法确认被告车辆与原告发生接触，也无法排除被告车辆与原告发生接触。但《中华人民共和国道路安全法》第一百一十九条规定："交通事故是指车辆在道路上因过错或者意外造成的人身伤亡或者财产损失的事件。"依法规定，**车辆与行人是否发生物理接触并不影响交通事故的成立**，假设被告在交通队的自述及法庭的陈述成立，即双方并未发生碰撞，原告系自己摔倒受伤，但被告在并道后发现原告时距离原告只有四五米，在此短距离内作为行人的原告突然发现被告车辆向其驶去必然会发生惊慌错乱，其倒地定然会受到驶来车辆的影响。因此，原、被告之间是否发生物理接触，本案纠纷都属于交通事故争议，受《中华人民共和国道路交通安全法》调整。本案中，原告王某芝跨越中心隔离护栏的行为属违法行为，对事故的发生负有不可推卸的主要责任，因此被告应适当承担40%的民事赔偿责任。

许某鹤不服一审判决，向天津市第一中级人民法院提起上诉。二审审理期间，根据许某鹤申请，二审法院向天津市人民医院骨创科朱某清医生（王某芝主治医师）进行调查，朱某清医生表示对于王某芝具体伤情因时间太长回忆不起来，医生接诊后只能看到王某芝的伤情，无法判定是撞伤还是摔伤。王某芝申请对其伤情成因进行鉴定，经征询双方当事人意见，双方当事人同意由法院依法选择具备资质、有备案的鉴定机构进行鉴定。2011年11月16日，在法院主持下，双方当事人以抽签方式确定中选机构的委托顺序，确定法大法庭科学技术研究所为第一顺序鉴定机构，司法部司法鉴定科学技术研究所司法鉴定中心为第二顺序鉴定机构。由于法大法庭科学技术研究所于2011年11月25日向法院出具说明，称因其自身技术力量的原因不接受委托，法院于同日委托司法部司法鉴定科学技术研究所司法鉴定中心进行鉴定。委托事项为：对津×××206号东风标致汽车是否与行人王某芝发生过碰撞，需鉴定王某芝腿伤形成原因是车辆撞伤或为自行摔伤。2011年12月3日，法院组织双方当事人共同确定鉴定的送检材料，经双方质证后，均同意将王某芝在天津市人民医院及天津医科大学总医院所作的CT、核磁、X光影像的电子文档、原版胶片、住院病案、医学影像检查诊断报告书、病历记录、诊断证明书、被上诉人事发时所穿的裤子、涉案车辆外观照片的电子文档、牌照为津×××206号的东风标致汽车、天津市天通司法鉴定中心出具的（2009）痕鉴字第730号《交通事故痕迹鉴定意见书》、涉案车辆在2010年12月7日与另一车辆发生交通事故的报警记录及维修记录等作为检材送交鉴定机构。

2011年12月28日，司法部司法鉴定科学技术研究所司法鉴定中心出具司鉴中心［2011］交鉴字第157号《鉴定意见书》，分析说明及鉴定意见为："1.据事故现场图及照片所示，受检车在事发路段的位置符合该车在紧急情况下向左避让并制动形成的状态，可以排除该车平缓制动停车的可能性。2.事故现场照片所示，受检车发动机舱盖的泥灰擦拭痕迹，其右边缘界限明显，形成时间较短，具有与软性物体（如人体）碰擦形成的特征。3.据王某芝右膝部的损伤特征：右腓骨小头骨折与右胫骨平台粉碎性骨折基本位于同一水平面，胫骨平台粉碎性骨折，胫骨骨折区向内侧移位伴塌陷，该型胫骨平台骨折符合较大钝性外力作用所致；同时，右膝关节软组织肿胀、前后交叉韧带、外侧副韧带损伤，说明右膝部损伤较严重、广泛。此外，右胫骨未见骨折线延长骨骨干垂直方向延伸的征象，亦未见股骨内、外侧髁骨折，结合右腓骨小头的解剖学位置、膝关节的组织结构特征分析，符合钝性外力由外向内作用于右膝部的致伤特征，单纯摔跌难以形成上述骨关节及韧带的广泛损伤。4.据王某芝住院病案记载，王某芝交通事故伤后当天查体发现左侧胸部压痛，胸廓挤压症状。上述左胸部和右膝部损伤单纯摔跌一次外力作用难以形成。5.王某芝体表检查得到的右下肢损伤高度与车辆检查测量得到的前保险杠防撞条的高度在车辆制动状态下相吻合。综上所述，王某芝右膝部损伤符合较大钝性外力直接作用所致，该损伤单纯摔跌难以形成，遭受车辆撞击可以形成。"庭审中，鉴定人出庭接受质询。经当庭质证，许某鹤认为因《鉴定意见书》对送检的检材没有予以完全考虑，特别是没有提到天津市天通司法鉴定中心出具的《交通事故痕迹鉴定意见书》，而且该鉴定对王某芝的伤情是否由许某鹤的车辆撞击形成没有明确的解答，故鉴定结论不应被采纳。鉴定人员陈述，本次鉴定主要是成伤原因鉴定，鉴定人已经查阅了包括（2009）痕鉴字第730号《交通事故痕迹鉴定意见书》在内的所有送检材料，作为检材之一，《交通事故痕迹鉴定意见书》不是本次成伤原因鉴定必须依照的依据。王某芝对于《鉴定意见书》没有异议。

　　二审法院判决认为，由于涉案交通事故没有现场监控录像或者目击证人等直接证据，只能根据相关的证据予以认定。根据西站大队现场勘验笔录、事故现场图及照片，事发时许某鹤所驾车辆左前部紧挨中心隔离护栏，左前轮部分压着中心隔离护栏桩基，其位置符合该车在紧急情况下向左避让并制动形成的状态，可以排除该车平缓制动停车的可能性。同时根据司鉴中心［2011］交鉴字第157号《鉴定意见书》，王某芝右膝部的损伤特征符合较大钝性外力由外向内直接作用于右膝部的致伤特征，且右下肢损伤高度与许某鹤所驾车辆的前保险杠防撞条的高度在车辆制动状态下相吻合，该损伤单纯摔跌难以形成，遭受车辆撞击可以形成。关于许某鹤以司鉴中心〔2011〕交鉴字第157号《鉴定意见书》没有考虑（2009）痕鉴字第730号《交通事故痕迹鉴定意见书》为由，提出二审期间所做的成伤原因鉴定结论不应采纳的主张，因天津市天通司法鉴定中心是在涉案交通事故事发后第九日才进行鉴定，且出具的《交通事故痕迹鉴定意见书》对津×××206号小客车与行人王某芝身体是否有接触并未得出明确的结论，故无法作为认定案件事实的依据。司法部司法鉴定科学技术研究所司法鉴定中心出具的司鉴中心〔2011〕交鉴字第157号《鉴定意见书》，鉴定单位和鉴定人员均具有相应的鉴定资质，送检材料经双方质证、本院确认，具有合法性，鉴定程序合法；同时，鉴定人员在出庭接受双方当事人对鉴定意见的质询时，分析清楚，说明充分。据此，该鉴定意见的结论，可以作为本案认定王某芝成伤原因的依据。虽然该鉴定意见书没有直接指出王某芝的损伤就是许某鹤驾车碰撞所致，但在交管部门处理本案交通事故的过程中及一、二审期间，许某鹤一直主张其看到王某芝跨越护栏时摔倒受伤，从未辩称事发当时还有任何第三方致伤的可能；同时，从王某芝尚能从容跨越护栏的行为分析，也可以排除王某芝在跨越护栏前已被撞受伤的可能。因此，该鉴定结论与事故现场图、照片、勘验笔录、当事人述称等证据可以形成完整的证据链，足以认定王某芝腿伤系许某鹤驾车行为所导致，许某鹤的驾车行为与王某芝的损害之间存在因果关系。许某鹤主张王某芝是自行摔伤，许某鹤是停车救助的理由不能成立，本院不予支持。

　　本案一审认可了诉讼外鉴定意见的法律效力，受交警西站大队委托的天津天通司法鉴定中心出具的鉴定意见既无法确认被告车辆与原告发生接触，也无法排除被告车辆与原告发生接触，是否撞伤的事实陷入真伪不明。但一审法院并没有据此适用证明责任的法律规定，令原告王某芝承担相应的不利后果，而是依据经验法则认定王某芝在短距离内受来车影响倒地受伤，惊吓受伤也属于《中华人民共和国道路安全法》中"交通事故"的范畴。一审法院的此种认定缺乏充分的事实依据，由此也引发了广泛的社会议论，这种判决也无法获得被告方当事人许某鹤对判决的尊重和服从。

　　因此，二审法院在事实认定方面采取不同做法，对成伤原因重新进行司法鉴定，该鉴定属于诉讼内鉴定，且在程序上合法，鉴定意见与本案其他证据形成完整的证据链。如此，二审法院认定许某鹤承担交通事故的赔偿责任也就得到了当事人的服判息诉的结果，并得到了社会舆论的理解和支持。这与一审法院的判决效果形成了反差。由此可见，鉴定手段的合理使用不仅有助于案件事实的正确认定，实现公正判决，而且可以借事实认定的科学化和合理化增进司法判决的权威性和公信力，吸收败诉方当事人的不满情绪，赢得社会舆论的支持和拥护。

第四章

证人证言

chapter 4

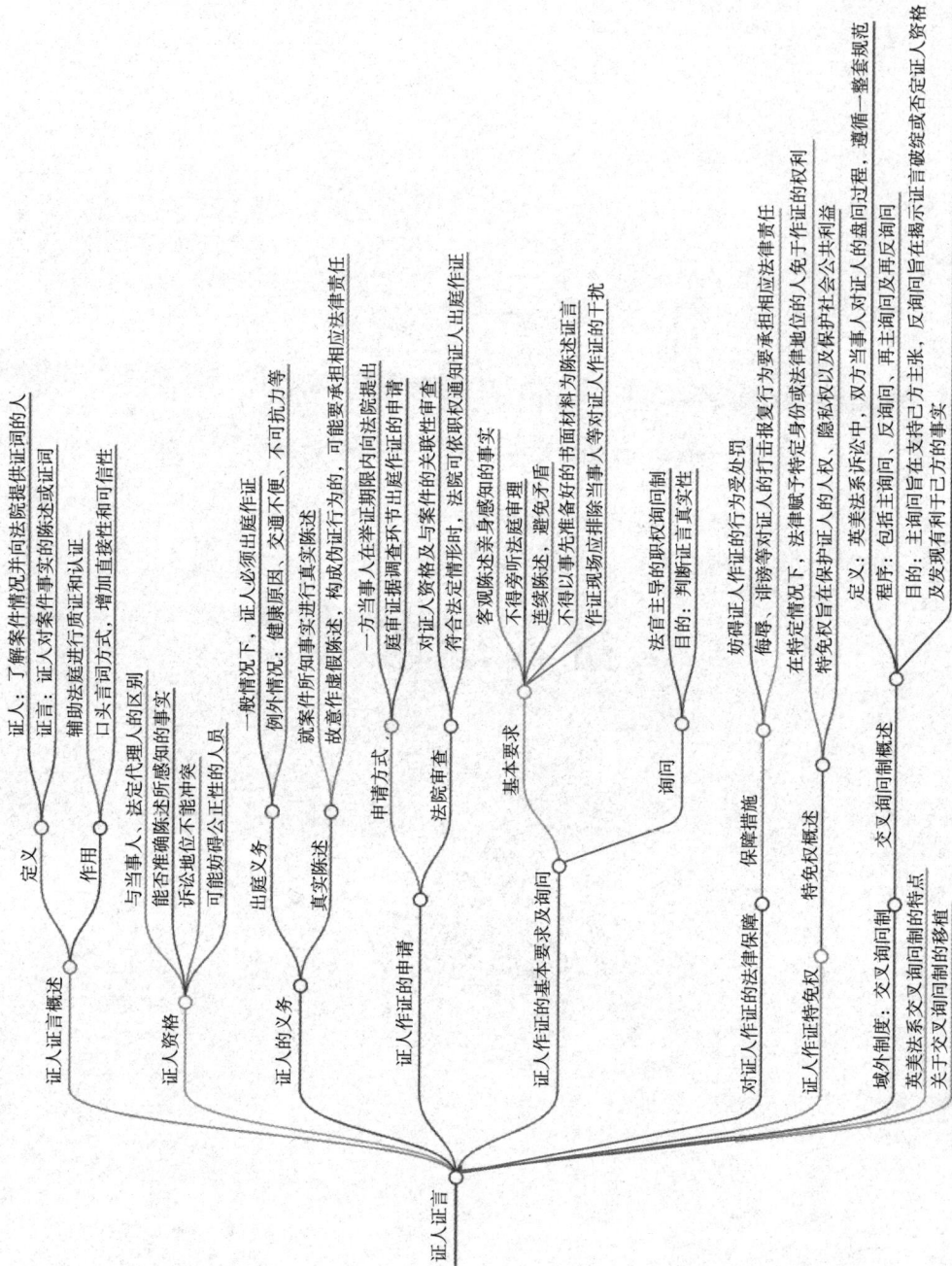

要点速览

证人证言

- **证人证言概述**
  - 定义
    - 证人：了解案件情况并向法院提供证词的人
    - 证言：证人对案件事实的陈述或证词
  - 作用
    - 辅助法庭进行质证和认证
    - 口头言词方式，增加直接性和可信性
- **证人资格**
  - 与当事人、法定代理人的区别
  - 能否准确陈述所感知的事实
  - 诉讼地位不冲突
  - 可能妨碍公正性的人员
- **证人的义务**
  - 出庭义务
    - 一般情况下，证人必须出庭作证
    - 例外情况：健康原因、交通不便、不可抗力等
  - 真实陈述
    - 就案件所知事实进行真实陈述
    - 故意作虚假陈述，构成伪证行为的，可能要承担相应法律责任
- **证人作证的申请**
  - 申请方式
    - 一方当事人在举证期限内向法院提出
    - 庭审证据调查环节出庭作证的申请
  - 法院审查
    - 对证人资格及与案件的关联性审查
    - 符合法定情形时，法院可依职权通知或通知当事人等对证人作证的干扰
- **证人作证的基本要求及询问**
  - 基本要求
    - 客观陈述亲身感知的事实
    - 不得旁听法庭审理
    - 连续陈述，避免矛盾
    - 不得以事先准备好的书面材料为陈述证言
  - 询问
    - 法官主导的职权询问制
    - 目的：判断证言真实性
- **对证人作证的法律保障**
  - 保障措施
    - 妨碍证人作证行为受处罚
    - 侮辱、诽谤等对证人的打击报复行为要承担相应法律责任
- **证人作证特免权**
  - 特免权概述
    - 在特定情况下，法律赋予特定身份或法定地位的人免予作证的权利
    - 特定权利旨保护证人人权、隐私权以及保护社会公共利益
- **域外制度：交叉询问制**
  - 英美法交叉询问概述
    - 定义：英美法诉讼中，双方当事人对证人的盘问过程，遵循一整套规范
    - 程序：包括主询问、反询问、再主询问及再反询问
  - 交叉询问制的特点
    - 主询问旨在支持己方主张，反询问旨在揭示证言破绽或否定证人资格及发现有利于己方的事实
  - 交叉询问制的移植

在我国，证人证言作为一种常见的证据形式或证据方法，其地位不及书证，但如果运用得当也能起到重要的辅助作用。由于证人证言与其他证据形式或方法相比，具有较大的主观性，因此，如何提高和保证证人证言的真实性，并为法庭所采信是关键。

一、什么是证人证言

证人是指了解案件情况并向法院或当事人提供证词的人；证言是指证人就其了解的案件事实向法院所作的陈述或证词。在强调证言言辞原则的国家和地区，证人须以口头言词方式予以作证。适用大陆法系的国家和地区均要求证人以口头言词方式接受询问。以口头言词的方式向法庭陈述案件事实的目的在于进行质证和认证。法庭和对方当事人可以直接通过口头言词方式对证人的证言进行质询。

二、哪些人不能作为证人

1. 从证人与当事人、法定代理人的区别来看

　　在适用大陆法系的国家和地区，当事人以及法定代理人不能作为证人。因此，当事人及法定代理人对案件事实的陈述被归入当事人陈述这一类证据，不属于证言。在适用英美法系的国家和地区，当事人也是证人，无论是原告还是被告都可以作为证人出庭接受询问。在这些国家和地区没有将当事人陈述单独作为一类证据形式。

2. 从能否准确陈述所感知的事实角度来看

　　证人证言是证人对案件真实情况的陈述，因此不能正确表达意思的人，不能作为证人。

　　这里需要特别注意的是，待证事实与其年龄、智力状况或者精

神健康状况相适应的无民事行为能力人和限制民事行为能力人，可以作为证人。

3. 从诉讼地位不能冲突的角度来看

诉讼代理人与证人的地位是冲突的，因此诉讼代理人不能在一个案件中既做代理人又做证人。

4. 从有可能妨碍公正性的角度来看

审判员、陪审员、书记员、鉴定人、翻译人员和参与民事诉讼的检察人员等，如果在自己参与的案件中作为证人就可能影响审判的公正性，这些人不能在本案中作为证人。在此，要特别注意容易为人们忽略的是审判员之外的其他审判参与者，如书记员、翻译等。

特别提示

在认识证人资格或证人能力时，应当注意区别证人资格或证人能力与证人证言证明力的关系。证人证言的证明力是指证人证言对证明案件事实的作用大小。证人证言的证明力是在该证人具有资格的前提下才涉及的问题。不同的证人证言的证明力是不一样的。例如，与当事人有亲属关系和其他密切关系的人虽然可以作为证人出庭作证，但由于关系的特殊性，这些人的证言的证明力要小于其他证人的证言。

问题 1：如何理解单位证人？单位证人与证人是什么关系？

答疑：在我国，有一种观点将证人分为两类：一类是非自然人的单位证人；另一类是作为自然人的证人。单位作为证人时，也要有人出庭作证，《民事诉讼法》规定，此时应当由单位的法定代表人、负责人或经其授权的人代表单位作证。

单位证人的说法来自《民事诉讼法》的相关规定。最初规定在1991年《民事诉讼法》中。2012年《民事诉讼法》也沿袭了这一规定。该法第72条第1款规定：凡是知道案件情况的单位和个人，都有义务出庭作证。有关单位的负责人应当支持证人作证。

单位证人这一概念的问题在于，从内涵来看，单位证人并不符合证人的基本特征。证人的基本特征是证人就亲身感知的外部事实向法庭作证。这就是说证人只能是自然人，而不能是非自然人，如单位或其他法人。单位证人的说法本身是矛盾的，因为作为非自然人的单位是不可能有感知功能的。所谓单位证人不过是以单位的名义就某一事实存在与否作出的证明，因此称为单位证人是不妥当的，称为"单位证明"是可以的。单位就某一事实出具的证明其性质是一种书证并非人证。按照公文书的定义，由国家机关或者其他依法具有社会管理职能的组织在其职权范围内制作的文书就是公文书。因此，我们可以将这类单位证明归入公文书，否则为私文书（因为不是所有单位都有社会管理职能）。

对单位证人的认识与我国的"单位文化"有直接联系。按照我国一些社会学者的认识，我国社会的一个特征是单位化，人们有强烈的单位意识。社会强调单位的主体性，弱化个体性。物质资源也被单位化，因此，人们对单位有一种强烈的依赖，也更相信单位（组织），意识形态上也强调对单位的依赖。

问题 2：证人与本案当事人存在利害关系（例如，证人是当事人的工作人员），是否可以作为证人？

答疑：能否作为证人作证是证人资格问题。证人与本案当事人存在利害关系并不能否认作为证人的资格。不过，虽然与本案当事人存在利害关系的人可以作为证人，但其证明力会受到影响。在实践中，有的法院在这种情况下有可能会否定该证人的证明力，而非否定证人的资格。因此，应当根据案件的具体情况对待证明力的问题。提出该证人的一方当事人应当提供相应的信息使得法院能够确信该证人证言具有充分的证明力。

三、证人的义务：出庭义务

证人作证的方式是在法庭开庭审理时向法官口头陈述自己所感知的案件事实。因此，一般情形下，证人作证必须出庭。出庭是证人的首要义务。

（一）证人出庭的例外情形

根据《民事诉讼法》第 76 条的规定，经人民法院通知，证人应当出庭作证。有下列情形之一的，经人民法院许可，可以通过书面证言、视听传输技术或者视听资料等方式作证：（1）因健康原因不能出庭的；（2）因路途遥远，交通不便不能出庭的；（3）因自然灾害等不可抗力不能出庭的；（4）其他有正当理由不能出庭的。

如果应当出庭的证人没有出庭作证，那么其向法院提供的书面证词将不能被采信。

就证人而言，出庭作证必然会对自己的生活造成一定影响。因此，当事人应当尽可能说服证人出庭作证。

（二）出庭作证难的原因

在我国，无论是刑事诉讼还是民事诉讼，都存在证人出庭率低的现实问题。证人出庭率低反映出证人证言这种证据方法还没有在我国的诉讼中受到重视和重用的现实，尤其是在民事诉讼中，证人证言更是没有受到足够的重视。

证人出庭率低的原因大致有以下几个方面。

一是证人作证义务意识不强，没有意识到作证关涉司法公正，属于公法上的义务，是每一个公民都应当承担的义务。

二是受传统观念的影响，证人在意识上存在事不关己、尽量回避的心理。

三是由于诚信缺失，人们对证人证言的真实性持怀疑态度，因而影响了对证人证言的重视程度。

四是人们对证人证言的询问缺乏相应的经验、技巧和规范，使得证人证言对案件证明的重要性大为降低。

五是缺乏相应的强制性规范，难以从法律制度上保证证人出庭。例如，《民事诉讼法》没有关于自然人证人无正当理由不出庭应当受到的处罚措施。《民事诉讼法》第 117 条第 1 款规定："有义务协助调查、执行的单位有下列行为之一的，人民法院除责令其履行协助义务外，并可以予以罚款：（一）有关单位拒绝或者妨碍人民法院调查取证的……"该条可以理解为有协助调查义务的单位拒绝调查取证的不利后果，应该也适用于单位负责人拒绝出庭作证的情形，但是对于自然人证人则没有法律规范可以援引。笔者认为，强调证人出庭义务，强化出庭义务的法律后果，是必要的。对应当出庭且可以出庭的证人，如无正当理由不出庭的，给予相应的处罚是提高出庭率的一种有效措施。当然，这也面临人们能否在心理上接受这一理念的问题。短时间内这一问题恐难以在制度上解决。

（三）在线出庭作证

由于电子诉讼的普及，在线出庭作证的方式也逐渐被采用。采用在线作证的方式，证人心理压力有所降低，也没有出行的障碍，证人应该更具有积极性。当然如何保证出庭效果是必须解决的问题。2021 年《民事诉讼法》修改之后，只要当事人同意，证人就可以采用在线作证方式。在线作证已经没有法律上的障碍。

当事人是否同意在线作证，主要考虑审理法院是否具备在线作证的条件，以及证人作证的环境能否保证证人证言的可靠性。笔者主张在线作证时，该证人最好在所在地基层法院或派出法庭或公证处可监督的环境下进行。

四、证人的义务：真实陈述的义务

证人具有就案件所知的事实进行真实陈述的义务。真实陈述自己所知案件事实是《民事诉讼法》诚实信用原则的要求。这里的真实陈述是一种主观真实，而非客观真实。证人感知的案件事实毕竟受主观因素的影响，要求证人的陈述做到客观真实也是不现实的。但如果证人违背诚实信用原则故意作虚假陈述，构成伪证行为的，就可能要承担相应的法律责任。

《民诉解释》第 119 条第 1 款规定，人民法院在证人出庭作证前应当告知其如实作证的义务以及作伪证的法律后果，并责令其签署保证书，但无民事行为能力人和限制民事行为能力人除外。无论是证人宣誓制度，还是证人保证制度，其法律作用都主要有两点。其一，没有宣誓或予以承诺保证的，不能作证。《民诉解释》第 120 条规定，证人拒绝签署保证书的，不得作证，并自行承担相关费用。其二，有宣誓或签署保证书的，在虚假作证或伪证的情形下就可对该证人予以法律制裁。宣誓或保证就是实施法律制裁的前提条件。

证人保证的有效性主要在于法律制裁是否能够真正得到实施。如果法律制裁不能实施，证人保证也就无法起到约束证人的作用。虽然《民事诉讼法》没有明确规定对证人作伪证的法律制裁，但是

《民诉解释》第 189 条第 2 项规定，证人签署保证书后作虚假证言，妨碍人民法院审理案件的，可以适用《民事诉讼法》第 114 条相关法律制裁的规定。该法第 114 条规定："诉讼参与人或者其他人有下列行为之一的，人民法院可以根据情节轻重予以罚款、拘留；构成犯罪的，依法追究刑事责任……"按照《民诉解释》的规定，对保证之后实施伪证行为的证人可以根据具体情形处以罚款、拘留，构成犯罪的，将追究刑事责任。但问题在于，司法解释是否具有这样的解释效力。因为这涉及民事诉讼中伪证是否构成犯罪的重大问题。另外，即使可以对伪证行为处以民事强制措施如罚款、拘留等，但如何适用，如何根据情节轻重把握罚款数额，司法解释或司法实践都缺乏进一步推进的具体措施，导致对伪证的处罚依然停留在抽象层面。

附：证人作证保证书格式

证人作证保证人书

案件名称、案件受理编号

案件受理法院

证人信息：姓名、性别、年龄、住所地、职业、联系方式作证的主要内容：

保证人签字

时间：

（保证责任相关说明）

五、证人作证的申请

证人作证的申请是证人作证的必要程序。证人作证一般是由一方当事人在举证期限内向法院提出。在举证期限结束之后，也可以根据证明的需要向法院申请，以便在庭审证据调查环节出庭作证。

证人申请书应当写明证人基本情况，包括姓名、性别、年龄、精神健康状况、户籍所在地和经常居住地，证人与案件的关系，证人作证的概括事项、作证的必要性等。法院应对证人资格以及与案件的关联性进行审查。根据《民诉解释》第 117 条的规定，"当事人申请证人出庭作证的，应当在举证期限届满前提出。符合本解释第九十六条第一款规定情形的，人民法院可以依职权通知证人出庭作证。未经人民法院通知，证人不得出庭作证，但双方当事人同意并经人民法院准许的除外"。同时根据《民诉解释》第119条的规定，"人民法院在证人出庭作证前应当告知其如实作证的义务以及作伪证的法律后果，并责令其签署保证书，但无民事行为能力人和限制民事行为能力人除外。证人签署保证书适用本解释关于当事人签署保证书的规定"。第120条规定，"证人拒绝签署保证书的，不得作证，并自行承担相关费用"。

人民法院准许证人出庭作证申请的，应当向证人送达通知书并告知双方当事人。通知书中应载明证人作证的时间、地点，作证的事项、要求以及作伪证的法律后果等内容。

当事人申请证人出庭作证的事项与待证事实无关，或者没有通知证人出庭作证必要的，人民法院不予准许当事人的申请。关于驳回的证人作证申请的方式，法律和司法解释没有相关的规定，在法理上应以裁定的方式，且应当在裁定书中写明驳回申请的主要理由。

在符合法院职权调查的情形下，法院也可以在没有当事人申请时，依职权通知有关证人出庭作证。法院职权调查的情形，是指证人证言涉及《民事诉讼法》第67条第2款规定的情形，包括：（1）涉及可能损害国家利益、社会公共利益的；（2）涉及身份关系的；（3）涉及《民事诉讼法》第58条规定诉讼的；（4）当事人有恶意串通损害他人合法权益可能的；（5）涉及依职权追加当事人、中止诉讼、终结诉讼、回避等程序性事项的。

附：证人作证申请书格式

证人作证申请书

案件名称、案件受理编号

案件受理法院

申请人：姓名、性别、年龄、住所地、职业、联系方式

证人：姓名、性别、年龄、住所地、职业、联系方式

作证的主要内容：

作证内容与待证事实的关联性：

作证必要性的说明

六、证人作证的基本要求及询问

1. 证人作证的基本要求

（1）证人应当客观陈述其亲身感知的事实，作证时不得使用猜测、推断或者评论性语言。

（2）证人作证前不得旁听法庭审理，以避免受法庭审理中当事人陈述或其他证人陈述的影响。

（3）作证时不得以宣读事先准备的书面材料的方式陈述证言。这即所谓庭审言词原则的具体化。这一要求主要是为了防止证词为他人所作，导致证人证言具有非真实性。证人言辞表达有障碍的，可以通过其他表达方式作证。

（4）证人应当就其作证的事项进行连续陈述。连续陈述的意义在于可以保证证人陈述的一致性，防止情景改变对陈述内容的影响。在陈述有矛盾时，也能够及时发现，并通过询问予以澄清。

（5）为了保证证人作证的顺利进行，作证现场应排除当事人及其法定代理人、诉讼代理人或者旁听人员对证人作证的干扰。出现干扰时，法院应及时予以制止。必要时将对行为人按照妨碍民事诉讼的情形予以处罚。

2. 证人作证的询问

证人询问是对证人证言进行调查的方式，也是质证的方式。一般在庭审的质证过程中进行。证人询问的目的是判断证人证言的真实性。

在我国，证人询问采取的是所谓的职权询问制。所谓职权询问，是指法官主导对证人的询问。适用英美法系的国家和地区实行的是交叉询问制。交叉询问制的主要特点是由当事人的律师主导询问，法官一般不能对证人直接进行询问，法官只是监督和对有关询问规则的争议进行裁决。适用大陆法系的国家和地区多数采取职权询问制。作为例外，日本采取的是混合方式即交叉询问制与职权询问制的结合。其特点是主要由当事人或当事人的律师对证人进行询问，法官只有在认为有必要的情形下才能直接对证人进行询问。虽然我国《民事诉讼法》也规定，当事人可以对证人进行询问，但当事人是否可以对证人进行询问是由法官决定的。对于证人询问应当采取何种模式，与一国的司法传统、大众心理、司法体制、律师制度甚至法律教育等多种因素有关。交叉询问制与职权询问制两种模式可以说各有利弊。虽然日本试图将两种方式结合取其利，但实际效果并不理想，实践中还是倒向了职权询问方式。为了提高审理效率，法官会更愿意采取职权询问方式。

在法庭的证人询问中，为了防止受法庭审理的干扰，证人不得旁听法庭审理。我国《民事诉讼法》规定，询问证人时，其他证人不得在场。

当事人及其诉讼代理人对证人的询问与待证事实无关，或者存在威胁、侮辱证人或不适当引导等情形的，审判人员应当及时制止。对于引导性询问（也称为诱导性询问）是否应当予以制止，一般要看是否属于对证人的反询问，如果属于证人陈述的反询问则没有必要制止，反询问中的引导性询问可以发现证人陈述的非真实性。

法院认为有必要时，可以依照《民事诉讼法》第 113 条、第 114 条的规定进行处罚。

3. 证人之间的对质

在证人询问中，法院认为有必要的，可以让证人进行对质。这里的对质，实质上就是一种对证人的质证方式。与一般的证人询问不同，一般的证人询问通常都是一个证人出庭对某一事实进行作证，法官或当事人对该证人进行询问。对质则要求证言冲突的两位证人同时出庭，就证言的真伪进行质证。质证中由法官发问并对证言的采信与否作出判断。

七、对证人作证的法律保障

为了保障证人作证的权利，维护作证秩序，诉讼参与人或者其他人以暴力、威胁、贿买等方法妨碍证人作证，或者在证人作证后以侮辱、诽谤、诬陷、恐吓、殴打等方式对证人打击报复的，人民法院应当根据情节，依照《民事诉讼法》第 114 条的规定，对行为人进行处罚。这种处罚措施可以在本案诉讼程序中直接实施。

对证人的侵害构成其他违法行为的，应当按照相关法律追究行为人的相应法律责任。

八、证人作证特免权

证人作证特免权，也称为证言特免权，是指具有特定身份或法律地位的人在符合法律规定的情形下所享有的就特定事项免于作证或阻止他人作证的权利。为了保护证人的人权、隐私权以及婚姻家庭关系的稳定性，维护社会成员之间的人身信任关系，加强对社会公共利益、国家利益的保护，法律在特定情况下免除证人作证的义务，以保护那些高于发现案件真实的特定社会价值目标。因此，证人作证特免权与证人强制作证义务是一对相互矛盾的理念和规则，只有在法律明确规定的情形下，证人享有的特免权才能够打破出庭作证的公法义务，否则违反出庭作证义务的人会遭受藐视法庭罪等制裁。不过在我国的民事诉讼中并没有强调作证的义务性，因此证人作证特免权也就显得不那么重要。

根据豁免情形的不同，证人作证特免权可以划分为反对自我归责的特免权、职业特免权、夫妻特免权和特殊关系特免权。

（1）反对自我归责的特免权是在宪法保障人权的理念指导下，规定证人免于提供可以导致自身承担刑事责任的证言，但是控诉方允诺豁免证人的刑事责任的，证人不得再援引特免权规则拒绝作证。

（2）职业特免权，是为了促进特定职业的发展而保护执业过程中获取的秘密交流信息免于披露。例如，律师、医生、宗教人员、记者原则上可以主张职业特免权以免于向法庭提供基于职业关系而获取的秘密交流信息。

（3）夫妻特免权，主要是指刑事案件中夫妻一方不能提供不利于对方的证言，但是婚姻关系结束、犯罪是针对夫妻另一方的、作证内容发生于婚前以及反人类罪行除外。同时，夫妻一方也不能就彼此之间的秘密交流信息提供证言，即使婚姻关系结束仍享有特免权，以维护夫妻之间的信任关系。

（4）特殊关系特免权，即在国家秘密、政府信息、线人的身份可能泄露时，政府及有关机构有权拒绝作证或阻止他人作证，但是不足以损害社会公共利益的，或者政府放弃特免权的，证人仍应当提供相关证据。

证人作证特免权的具体设定因各国的国情不同而有所差异。例如，（1）《法国刑事诉讼法》仅赋予被告人反对自我归责的特免权，证人并不享有；（2）适用大陆法系的国家和地区一般也赋予父母与子女之间互相不能作出不利证言的特免权，有的地区甚至扩展到其他近亲属；（3）《意大利刑事诉讼法》规定的政府特免权是不能放弃的。我国古代基于儒家提出的"亲亲相隐"的主张，在历朝法典中也明确规定亲属间不得相互证罪，这可以说是特免权规则的雏形。但是，现行法律由于过分追求实体真实，诉讼理念上尚不健全，因而没有建立完善的证人作证特免权规则，这导致了无罪推定原则落实不彻底，隐私权、亲情伦理、社会信任等公共规则无法实现。因此，在作证的义务得以强化后，如何建立民事诉讼中的特免权制度是证人制度需要解决的问题。从原理上，民事诉讼涉及私权，证人作证权的范围相对于刑事诉讼应该小一些。但基于维持基本信赖关系的证人作证权依然是必须的。

案例评析

广东中煤××丰建设集团有限公司、中煤××集团有限公司企业借贷纠纷案

（2019）最高法民申 3162 号

再审申请人（一审被告、二审上诉人）：广东中煤××丰建设集团有限公司。

一审被告、二审上诉人：广东中煤××丰建设集团有限公司邢台分公司。

一审被告：邢台市××湾房地产开发有限公司。

再审申请人广东中煤××丰建设集团有限公司（以下简称××

丰公司）、中煤××集团有限公司（以下简称中煤××）因与被申请人高某军及一审被告、二审上诉人广东中煤××丰建设集团有限公司邢台分公司（以下简称××丰邢台分公司）、一审被告邢台市××湾房地产开发有限公司（以下简称××湾公司）借款合同纠纷一案，不服河北省高级人民法院作出的（2019）冀民终315号民事判决，向本院申请再审。本院依法组成合议庭进行了审查，现已审查终结。

××丰公司、中煤××申请再审称，（一）一、二审法院判决中煤××对本案借款本息承担补充清偿责任，属于事实认定和适用法律错误。1.中煤××出具《标前承诺书》的相对方是邢台经济开发区城市建设局而非高某军，承诺书中的"着手解决"是指通过沟通、协调的方式处理，并没有对相关债务提供保证担保、债务加入或代为清偿的意思表示，更不能理解为对项目权利义务的概括承受。2.中煤××与邢台经济开发区城市建设局签署的《邢台经济开发区××泉片区棚户区改造政府购买服务协议》中，也不存在中煤××就本案借款本息对高某军作出的保证担保、债务加入或代为清偿的意思表示，并进一步印证了中煤××并不存在对项目权利义务的概括承受。3.对于本案项下的借款，二审法院不应出于××丰邢台分公司可能无法清偿债务等考量，认定中煤××承担补充清偿责任。（二）二审法院将高某军于2012年11月13日、2013年3月26日向××丰邢台分公司合计支付的1500万元认定为无协议借款属于事实认定错误。1.高某军于2013年3月26日向××丰邢台分公司支付的合计 1085 万元的转款凭证上并未标记为"借款"，也未签订借款合同，与高某军在本案和其他相关案件中向××丰邢台分公司汇入其他出借款项时在转款凭单转款用途上均明确标注为"借款"的交易惯例不符。2. 该 1085 万元的转款时间与××丰邢台分公司与高某军签订的《邢台市××公园水体修复建筑工程承包合同》（以下简称工程承包合同）中关于履约保证金缴纳时间的约定相符，故该 1085 万的款项系履约保证金。虽然 2012 年 11 月 13 日高某军向××丰邢台分公司支付的 415 万元标注为"借款"，但根据其与 2013 年 3 月 26 日高某军汇入的 1085 万元在数额、时间上的印证，应认定该笔 415 万已转化为履约保证金。（三）二审法院将××丰邢台分公司于 2013 年 7 月向高某军支付的 1600 万元中的 1500 万元认定为是偿还所谓无协议借款属于事实认定和适用法律错误。××丰邢台分公司向高某军支付该笔款项是对本案 1500 万元借款本金及资金占用费的还款。1. 高某军于 2012 年 11 月 13 日、2013 年 3 月 26 日向××丰邢台分公司支付的 1500 万元系支付工程承包合同项下的履约保证金，而××丰邢台分公司于 2013 年 7 月 8 日、7 月 9 日向高某军支付 1600 万元，明显不符合双方签订的施工合同关于履约保证金返还时间的约定。2. ××丰邢台分公司支付的该笔 1600 万元在金额、时间上与本案《借款协议》的约定完全吻合。此外，高某军签署的收款收据也进一步佐证了该 1600 万元系偿还本案《借款协议》项下的本金 1500 万元及资金占用费 100 万元。3. 即便二审法院将高某军于 2012 年 11 月 13 日、2013 年 3 月 26 日向××丰邢台分公司支付的 1500 万元认定为"无协议借款"，由于高某军并未提出任何证据证明双方就该笔款项约定了还款期限，根据《中华人民共和国合同法》①第二百零六条的规定，该笔款项需在贷款人催告的合理期限届满后才到期，而高某军并未提交任何关于其催告的证据，故高某军主张的所谓 1500 万元"无协议借款"尚未到期，本案《借款协议》中的 1500 万元才是属于到期在先的债务。（四）二审法院将 2014 年 3 月 11 日江西××建设集团有限公司广西分公司（以下简称江西××广西分公司）转账 1500 万元中的 1000 万元认定为向高某军借款的利息，并认可高某军将其中的 4 888 547.95 元分摊为本案 1500 万元借款的利息，属于事实认定错误。1. 江西××广西分公司于 2014 年 3 月 11 日向高某军公司的财务总监潘某毅支付的 1500 万元的性质是对（2019）冀民终 316 号案件中工程承包合同项下的履约保证金的返还。江西××广西分公司仅作为××丰邢台分公司的代付方，实际的付款义务人为××丰邢台分公司，江西××广西分公司无权就该 1500 万元代付款的款项性质进行解释，案外人王某光个人及在二审中出庭作证的××湾公司法定代表人覃某选更无权对其进行解释。王某光曾在 2015 年因违纪被××地质总局撤职处分，其所作出的对××地质总局下属企业不利的证言的可信度极低，不应当予以采信。此外，根据《最高人民法院关于民事诉讼证据的若干规定》第五十五条、第六十九条规定，王某光

---

①《中华人民共和国合同法》已随《中华人民共和国民典发》施行而废止。

在一审中出具《情况说明》后并未出庭作证和接受质询，其所出具的《情况说明》不应作为认定案件事实的依据。2. 该笔 1500 万元的转账凭证附言明确标注为"货款"，与王某光所作的《情况说明》及覃某选证言中关于 1500 万元中的 1000 万元为支付高某军利息的说法矛盾。3. 截至 2014 年 3 月 11 日，×× 丰邢台分公司对高某军并不存在高达 1000 万元的未付利息。（1）根据双方工程承包合同的约定履约保证金系无息退还，不存在利息。即便认定该笔 1500 万元款项是无协议借款，由于未约定利息，亦不存在利息。高某军主张该"无协议借款"口头约定月利息 3.3%，但并未提供 ×× 丰邢台分公司认可该借款利率或已实际按此借款利率偿还利息的任何证据，不应予以认定。（2）本案 1500 万元借款项下的利息亦不存在，×× 丰邢台分公司已根据《借款协议》的约定偿还借款本金及资金占用费。（3）高某军主张邢台市盛 × 房地产开发有限公司（以下简称盛 × 公司）与 ×× 丰邢台分公司签订的 2000 万元《借款协议》中明确约定资金占用费由 ×× 湾公司承担，故 ×× 丰邢台分公司不应承担责任。（4）盛 × 公司在（2019）冀民终 317 号案件提交的第四组证据《公证书》中已自认 2014 年 3 月 1500 万元代付款中并不存在用于偿还 2000 万《借款协议》项下的借款利息。

  ×× 丰公司、中煤 ×× 提交补充意见称，有新证据证明江西 ×× 广西分公司于 2014 年 3 月 11 日向潘某毅转账 1500 万元中的 1000 万元并非支付借款利息，也不是再审申请中主张对另案（2019）冀民终 316 号案件工程承包合同项下履约保证金的返还，而是以高某军的名义借支给××丰邢台分公司的款项。王某光于 2016 年 7 月 6 日向柳州市柳南区人民法院提交的答辩状中的陈述以及《情况说明》前后矛盾，且王某光陈述中的"第一项目部没有账户"也与事实不符，原审法院将江西××广西分公司向潘某毅支付的 1500 万元中的 1000 万元认定为支付借款利息属于事实认定错误。综上，××丰公司、中煤×× 根据《中华人民共和国民事诉讼法》（以下简称民事诉讼法）第二百条第一项、第二项、第六项之规定申请再审。

高某军答辩称，（一）中煤×× 负有清偿责任。1. 中煤×× 承继了××丰公司在本案所涉项目的权利义务。2.《标前承诺书》为解决遗留问题而产生，目的就是要求中标人对遗留债务负清偿责任。3. 中煤×× 中标后签署的《邢台经济开发区××泉片区棚户区改造政府购买服务协议》载明"解决"的意思就是清偿，并限定了具体期限。4. 项目实施过程中，开发区政府多次督促被答辩人履行付款义务，中煤×× 表示履行义务，并以实际行动清偿了部分债务。（二）本案 1500 万借款未予偿还。1. 2013 年 7 月 8 日、9 日××丰邢台分公司向高某军支付的 1500 万元偿还的是此前无协议借款的 1500 万元。二审庭审中，案涉项目总工程师、××湾公司法定代表人覃某选，××丰邢台分公司负责人黄某均当庭说明该两笔借款是为了偿还在先的、没有协议的 1500 万元。2.××丰公司、中煤×× 关于无协议 1500 万元的性质为工程保证金、本案 1500 万借款本息均已偿还、2014 年 3 月 11 日通过江西××[1]所还款项为工程保

---

① 即江西××建设集团有限公司。——编者注

证金的相关辩解均系推论，不能成立。3.高某军系盛×公司实际控制人的事实已在庭审中提交证明，2014年3月11日通过江西××支付的1000万利息中，包括应付盛×公司的利息。4.××湾公司与××丰邢台分公司资金、人员、场地混同，业务关联，盛×公司2000万元借款中，虽约定了利息由××湾公司支付，但实际履行中，2014年3月11日通过江西××支付的1000万利息中包括应付盛×公司利息。5.高某军在起诉状及委托律师公证催款过程中，隐瞒已支付利息的问题，属于生活中当事人的做事习惯与诉讼技巧，不属于自认未支付过利息。6.××丰邢台分公司在××公园项目中大量集资，利息多数在月息3.5%以上，2014年3月11日通过江西××支付高某军的1000万利息，无协议借款按月息3.3%计算，有协议1500万借款和盛×公司2000万借款按协议约定利率计算，合情合理。综上，一、二审判决适用法律正确，请求驳回再审申请。

本院认为，（一）关于中煤××是否应当对本案借款本金及资金占用费承担补充清偿责任的问题。首先，根据原审查明的事实，中国××地质总局作出中煤地发经营（2014）249号文件，决定将××丰公司100%股权无偿划转给中煤××，××丰公司成为中煤××全资子公司，中煤××以股权受让的方式承接了案涉××公园综合开发项目。其次，因该开发项目由当地政府主导，中煤××向邢台经济开发区城市建设局出具《标前承诺书》，承诺"项目中标，立即着手解决原项目建设过程中产生的遗留问题，包括原项目建设工程中产生的民间借贷以及工程欠款等"，该承诺内容的意思表示明确具体。高某军的借款属于项目建设中的民间借贷等遗留问题，与中煤××的承诺内容直接相关。再次，原判决认定中煤××承担的补充清偿责任属于第二顺位民事责任，责任的第一主体仍是××丰公司，并未认定中煤××具有担保、债务加入或代为清偿的意思表示。综上，原判决认定中煤××对本案借款本金及资金占用费承担补充清偿责任并无不当。

（二）关于高某军于 2012 年 11 月 13 日、2013 年 3 月 26 日向××丰邢台分公司合计支付的 1500 万元款项性质问题。高某军于原审中主张该笔 1500 万元为无协议借款，提交银行转款记录清单为证，并有借款经手人××湾公司法定代表人覃某选、时任××丰邢台分公司负责人黄某在二审中的当庭陈述佐证。××丰公司、中煤××主张该笔款项应为履行高某军与××丰邢台分公司于签订的工程承包合同中约定的履约保证金，但根据原审查明的事实，高某军于 2012 年 11 月 13 日支付第一笔 415 万元款项时，双方的工程承包合同尚未订立；加之，本案二审审理过程中，时任××丰邢台分公司经理黄某出庭证实，高某军与××丰邢台分公司签订工程承包合同中的履约保证金条款并未履行。××丰公司、中煤××并未提交其他证据证明工程承包合同中约定的保证金条款已经实际履行以及该笔 415 万元款项转化为履约保证金。综上，××丰公司、中煤××提交的证据不足以反驳高某军对该笔款项的性质为无协议借款的主张，原审法院未予支持，亦无不当。

（三）关于××丰邢台分公司于 2013 年 7 月向高某军支付的

1600万元款项的用途问题。高某军主张是用于偿还其于2012年11月13日、2013年3月26日向××丰邢台分公司合计出借的1500万元无协议借款，××丰公司、中煤××主张该笔款项用于偿还2013年5月向高某军借款1500万元的本案借款本金和资金占用费。双方对于该笔款项用于偿还哪笔款项存有争议，源于双方对高某军于2012年11月13日、2013年3月26日向××丰邢台分公司合计支付的1500万元的性质存有争议，因原审法院已经认定高某军于2012年11月13日、2013年3月26日向××丰邢台分公司合计支付的1500万元的性质为无协议借款，依照《最高人民法院关于适用〈中华人民共和国合同法〉若干问题的解释（二）》第二十条规定，本案认定××丰邢台分公司于2013年7月向高某军支付的1600万元款项中的1500万元是用于偿还高某军于2012年11月13日、2013年3月26日向××丰邢台分公司出借的1500万元，对××丰公司、中煤××更为有利。

（四）关于江西××广西分公司于2014年3月11日转账给高某军的1500万元的用途问题。××丰公司、中煤××先是主张该笔款项系用于返还高某军于2012年11月13日、2013年3月26日向××丰邢台分公司支付的履约保证金1500万元，后又主张有新证据证明该笔1500万元款项中的1000万元是以高某军名义借支给××丰邢台分公司的款项。对此，时任××丰邢台分公司经理黄某二审中出庭证实，高某军与××丰邢台分公司签订工程承包合同中的履约保证金条款实际并未履行，借款经手人××湾公司法定代表人覃某选也出庭证实，经与王某光沟通，江西××广西分公司于2014年向高某军支付的1500万元款项中的1000万元是支付给高某军的利息。××丰公司、中煤××提出因覃某选、黄某因挪用××丰邢台分公司款项而被追究刑事责任的理由，并不足以否定覃某选、黄某在本案二审中所作证人证言的法律效力。关于高某军提交的王某光出具的《情况说明》可否采信问题，经查，原审中王某光虽未出庭作证和接受质询，但一审法院结合高某军申请法院向王某光核实的情况，二审法院又结合了覃某选的证人证言，对该证据予以采信，同时二审法院考虑到双方有多笔经济往来高某军已自认488万余元作为本案1500万元借款利息予以分摊的事实，而认定2014年3月11日江西××广西分公司转账1500万元中的1000万元是向高某军支付的借款利息，并无明显不妥。关于××丰公司、中煤××提交江西××广西分公司关于该笔款项的记账凭证、2016年7月6日王某光在（2016）桂0204民初1189号案件中的答辩状、该笔款项经办人黄某出具的《关于支付潘某毅款项的说明》以及××丰邢台分公司第一项目部开立账户的证明等新证据的问题，因江西××广西分公司仅为涉案款项的代付方，其记账凭证并不足以直接推翻时任××丰邢台分公司负责人黄某和借款经手人覃某选出庭作出的证人证言，也不能否定本案高某军的借款尚未归还的事实，不属于民事诉讼法规定的新证据。

　　本院依照《中华人民共和国民事诉讼法》第二百零四条第一款、《最高人民法院关于适用〈中华人民共和国民事诉讼法〉的解释》第三百九十五条第二款规定，裁定驳回了广东中煤××丰建设集团有限公司、中煤××集团有限公司的再审申请。

在本案中与证人证言相关的问题主要涉及关键证人——覃某选、黄某所作证言效力的问题。

1. 在再审申请中，当事人××丰公司、中煤××提出覃某选、黄某因挪用××丰邢台分公司款项而被追究刑事责任。该刑事责任的追究将影响其证言的真实性。法院认为这一理由并不足以否定覃某选、黄某在本案二审中所作证人证言的法律效力。

就证人资格而言，是否追究刑事责任并不影响其证人资格。是否影响其证人的证明力大小是另一个问题。

2. 关于本案中高某军提交的王某光出具的《情况说明》可否采信问题。

王某光提供的《情况说明》是本案事实中比较关键的证据。对该证据的可采性双方之间存在很大的争议。

最高人民法院在驳回再审申请的裁决中认为，经过审查，原审中王某光虽未出庭作证和接受质询，但一审法院结合高某军申请法院向王某光核实的情况，二审法院又结合了覃某选的证人证言，对该证据予以采信。在本案中，王某光是证人。作为证人当然必须出庭作证（除非有不出庭的正当理由），其证言才具有证据能力。但最高人民法院的裁决却认为，一审法院经向证人王某光核实，又结合其他证人证言，因此王某光出具的《情况说明》可以采信。

这里需要明确的是王某光出具的《情况说明》，在证据的性质上并非书证，而是证言的书面形式。该证据本质上是证言。既然是证言，王某光作为证人就必须出庭作证，王某光的证言内容不是因为可以通过其他证人印证，就具有了证据能力。某证人证言的内容并不因为可以被印证而有效，而是要看该证人证言是否符合法律的要求。

九、域外制度：交叉询问制

交叉询问制概述

交叉询问（cross-examination）又称交互询问，交叉询问是英美法系诉讼中的一项重要制度，是指有关双方当事人对证人盘问时所需遵循的一整套规范。不管是刑事案件还是民事案件，只要有证人出庭，都将进行对证人的交叉询问。因为交叉询问是一种专业性很强的法庭技术，所以对证人的交叉询问都是由双方律师进行的。交叉询问首先由申请提出该证人（也称为己方证人）的当事人（通常是该当事人的律师）对该证人进行询问，称为主询问（direct examination；examination in chief），然后由对方当事人的律师对该证人进行询问，称为反询问（cross-examination），最初询问证人的当事人或律师还可以对证人进行再询问，称为再主询问（redirect examination）；再主询问之后，也允许实施反询问的当事人或律师实施再反询问（recross-examination）。

1. 主询问

主询问的目的主要是使该证人将有利于己方的有关案件事实反映出来，作出支持己方主张的证言，以取得事实审理者——陪审团或法官的理解。主询问应当遵循以下规则：（1）只能是与案件有关的事实；（2）一般情况下不得进行诱导性询问，在再主询问中，诱导性询问的限制比主询问要宽松一些；（3）主询问不得以导致答复的问题为依据。

2. 反询问

反询问主要有两个目的：其一，发现证人证词的破绽，以达到证言无效或使陪审团或法官对该证言持有怀疑的目的，或否定证人的作证资格；其二，发现或找出有利于己方的事实。反询问与主询问的不同之处在于，反询问中可以更多地提出诱导性询问，因为反询问具有更强的证伪性，诱导性询问就具有证伪的作用。

3.交叉询问的对象

交叉询问的对象不仅包括一般的证人，也包括专家证人（expert witness）。专家证人是指那些精通某一领域知识和技术的专门人员。专家证人利用自己的专门知识和经验对专门性问题陈述意见和观点。当事人聘用专家证人的目的是利用专家证人所具有的知识和经验在诉讼中就案件所涉及的专门性问题提供有利于自己的证词。

4.法官的地位

交叉询问制集中地体现了英美诉讼对抗制的特点。法官在法庭中处于中立的地位，法官不能直接询问证人。法官的作用主要表现在两方面：其一，控制当事人双方的询问，防止当事人滥用询问权；其二，在被正当询问的证人无正当理由拒绝回答时，法官将对证人给予制裁。当事人或律师在询问中有出格行为时，法官也将对其给予制裁。

十、英美法系交叉询问制的特点

1.交叉询问制属于事实审理阶段的法庭审理的一项重要制度和过程，它是以事前程序为前提、以陪审制度和证据开示制度为基础的制度。

2.在英美法系诉讼中，证人具有很强的附属性，即证人是"当事人的证人"。

3.只有当事人或当事人的律师才能询问证人，法官不得询问证人。

4. 证人询问只能采取一问一答的方式。

5. 在交叉询问中适用严格的证据法则，禁止使用传闻证据。

6. 特定条件下可以实施诱导性询问。

十一、关于交叉询问制的移植

交叉询问的魅力在于它体现了英美法系诉讼的民主理念。交叉询问使当事人在诉讼中的主体性和主导性更加明显。当事人的主体性和主导性则是诉讼民主化的一个重要体现。因此，交叉询问制一直为一些适用大陆法系的国家和地区所关注。1948 年日本模仿英美法系中的交叉询问制建立了具有日本特色的交叉询问制。

第五章

视听资料及运用

chapter 5

1 要点速览

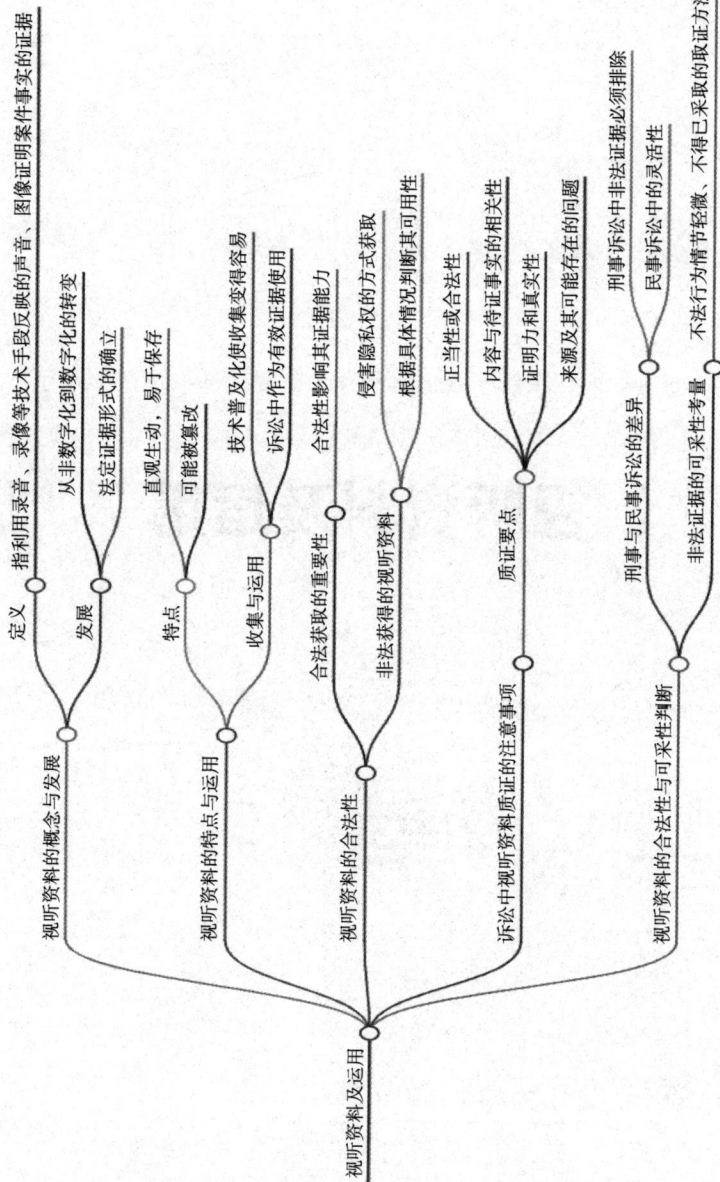

视听资料及运用

- 视听资料的概念与发展
  - 定义 —— 指利用录音、录像等技术手段反映的声音、图像证明案件事实的证据
  - 发展
    - 从非数字化到数字化的转变
    - 法定证据形式的确立
  - 特点
    - 直观生动，易于保存
    - 可能被篡改
- 视听资料的特点与运用
  - 收集与运用
    - 技术普及化使收集变得容易
    - 诉讼中作为有效证据使用
- 视听资料的合法性
  - 合法获取的重要性 —— 合法性影响其证据能力
  - 非法获取的视听资料
    - 侵害隐私权的方式获取
    - 根据具体情况判断其可用性
- 诉讼中视听资料质证的注意事项
  - 质证要点
    - 正当性或合法性
    - 内容与待证事实的相关性
    - 证明力和真实性
    - 来源及其可能存在的问题
- 视听资料的合法性与可采性判断
  - 刑事与民事诉讼的差异
    - 刑事诉讼中非法证据必须排除
    - 民事诉讼中的灵活性
  - 非法证据的可采性考量 —— 不法行为情节轻微、不得已采取的取证方法、合法权益的保护等

在诉讼实践中，尤其是在认定法律关系是否成立、权利义务的具体内容等方面，录音、录像常常作为重要的证据加以适用。这些录音、录像在证据种类上被归入视听资料。视听资料与其他物证、电子证据等的运用方面有所不同，只有了解这类证据的特点以及相应的运用规则才能更好地使用这类证据，并能有效地对对方提出的这类证据进行质证，帮助法院正确认证。

一、什么是视听资料

视听资料，是指利用录音、录像等技术手段反映的声音、图像证明案件事实的证据。视听资料作为一种新的证据方法是现代科技发展的结果，随着电子产品日益普及化，在诉讼中也越来越多地被人们所使用。

视听资料作为一种法定的证据形式始于 1982 年《民事诉讼法（试行）》。该法第 55 条正式将视听资料作为一种法定的证据种类。

因为当时的视听资料主要是录音、录像，而且都是非数字化形式的，所以最初的视听资料主要是从反映形式来加以界定的，而非以形成或储存形式，常见的视听资料如录像带、录音带、胶卷等。随着科学技术手段的发展，视听资料的储存形式已经发生很大的改变，已经逐步转化为数字化形式。在将电子数据作为法定证据形式之前，视听资料的含义也发生了扩展，通常将电子数据作为视听资料的一种类型。在这种情形下，视听资料与电子数据的区分就没那么明显了。因此，人们在运用这两种证据时，也没有必要太拘泥于其性质，实际能够证明案件事实是第一要义。

视听资料利用了现代科技手段储存音像和数据，因此具有易于保存的特点。另外，视听资料中反映音像和数据的形式还具有生动逼真的特点，比较直观地再现了案件发生的过程；但视听资料也容易被人利用技术手段加以篡改。

二、视听资料的收集与运用

随着录音、录像等技术手段的普及化、生活化，通过录音、录像记录现实生活成为一件十分容易的事情。一般人也大量利用录音、录像记录生活。因此，在诉讼中，视听资料作为一种证据被大量使用，成为比较有效地证明案件事实的手段。

但随着技术手段的发展，视听资料也存在容易被篡改的现实。正是由于视听资料易于通过技术手段加以篡改，因此法院就不能将存有疑点的视听资料作为认定案件的依据。存有疑点的视听资料，如有经过伪造、剪辑、拼接的迹象，模糊难以辨认等，经过技术处理能够消除疑点的仍然可以作为认定案件事实的证据。

除了要求视听资料具有客观性或真实性，视听资料还必须具有合法性。例如，只有合法取得的视听资料才具有证据能力。虽然证据都必须具有合法性，但由于视听资料的获得与其他形式的证据相比较，在其收集过程中常有侵害合法权利或违反法律的现象发生，因此更强调其合法性。《民事证据规定》也强调了视听资料的合法性。非法获得的视听资料，如使用法律、法规禁止的手段窃听、窃照所获得的，以侵害他人隐私权的方式取得的视听资料等，要根据具体情况加以判断，不能简单地认为一概合法或一概非法。

三、诉讼中视听资料质证的注意事项

当事人收集和向法院提供该视听资料之前，法院在质证过程中都应当对该视听资料从以下几方面进行检视。

（1）视听资料取得的正当性或合法性；

（2）视听资料内容与待证事实的相关性；

（3）视听资料的证明力；

（4）视听资料的真实性——是否被剪辑、篡改；

（5）视听资料的来源——从视听资料来源发现其存在的问题。

四、如何判断视听资料的合法性与可采性

这里需要注意的是，在刑事诉讼中，只要是非法收集的证据就必须予以排除，因此非法证据排除是底线原则。与此不同，如果民事诉讼中存在非法证据排除原则，也顶多是一般原则，而非绝对原则或底线原则。

民事诉讼证据的取得一般情形下是私行为，与公权力无关。刑事诉讼中之所以强调非法证据排除，是因为公权力的滥用将造成更为严重的后果，因此基于法治应当制约和限制公权力。正是因为存在这样的差异，在民事诉讼中即使是违法收集的证据也并非绝对排除，而是需要根据具体情形加以考量、斟酌，即违法收集的证据未必不能作为证明案件事实的证据，未必不具有可采性。

如果将证据取得的非法性、非法性程度与当事人的权利维护、证明需要、收集条件等情形联系起来看，则不排除某些情形下的非法证据就具有了合法性。例如，某些证据的收集可能侵害了当事人或他人的隐私权，但如果该证据不能采信，则可能导致主张权利的人难以得到救济。这类情形在视听资料、电子数据中最常见。例如，离婚案件、借贷案件、性骚扰侵权案件中经常有私录视听资料的情形。私录视听资料，也称私录资料，是指未经对方同意所录制的视听资料，包括录音和录像资料两大类，被人们俗称为"偷录偷拍资料"。

所谓私录资料，具有两层含义：其一，未经对方同意，录制了

对方的谈话和行为的内容，这种情形并未涉及录制手段的公开与秘密的问题；其二，录制者以对方不知晓的方式，录制了对方的谈话、行为以及与对方行为相关的其他场景，这种情形强调了手段的秘密性。人们常说的偷录偷拍行为的违法性，通常被认为是基于该行为侵犯隐私权而构成的违法，但如果将偷录偷拍定义为以不为当事人所知的方式进行的录制和拍摄，其违法性就需要与录音录像的动机有密切关联了，也就未必都能构成违法性。

对于非法证据的可采性问题，笔者的观点是应该综合考虑以下因素：

（1）不法行为情节轻微，不具有严重的反社会性；

（2）不得已而采取此种取证方法；

（3）为了自己的合法权益；

（4）取证中被侵害人也有一定的过错或侵权。例如，在性骚扰侵权案件中，未经对方同意的秘密录音就具有可采性，可以作为证据。如果取证行为系重大违法行为如盗劫、威胁以及其他刑事犯罪行为，该证据当然不能采信。在有些国家和地区（如日本），一般以证据收集行为具有严重反社会性作为否定可采性的基本条件。

在民事诉讼实践中，未经对方同意实施的录音录像，目的是维护自己的合法权益，法院通常对该证据是认可的，主要用于在借贷关系、侵权关系、婚姻家庭关系的纠纷中对事实进行确认。但证据法上并没有也难以明确规定具体情形。违法收集的证据的可采性，需要法院视案件具体情形加以考量。

由于法律对视听资料的合法性问题没有明确的规定，通常法院会采取回避的方式，首先看该证据是否具有关联性，如果不具有关联性便以没有关联性直接予以否定。当一方当事人质疑对方当事人证据的合法性时，作为应对方法，必须分析该证据的合法性与可采性之间的关系，以证据的真实性和收集方法的必要性作为可采性的理由，说服法院采信该证据。

案例评析
IIIIIIIIIIIIIIIIII

中国××银行石林县支行诉杨某斌不当得利纠纷案

原告中国××银行石林县支行（以下简称石林×行）因与被告杨某斌发生不当得利纠纷，向云南省石林彝族自治县人民法院提起诉讼。

原告诉称：2002年2月16日上午，被告及妻子到我行的花园街储蓄所，持存折和储蓄卡要求取款2.1万元。储蓄所工作人员在其储蓄卡上登记取款1000元，在其存折上登记取款2万元，但实际付款时，误将3.1万元作为2.1万元付给被告，致使被告多领1万元现金。当时工作人员支付给被告的纸币为4把，其中：50元面额的纸币两把，每把100张；100元面额的纸币两把，每把100张。事后，工作人员经查账并查看当时的录像，发现被告多领1万元现金，遂与其协商并向公安机关报案，但被告始终拒不退还。请求判令被告退还多领的1万元现金，并承担本案诉讼费用。

原告提交的主要证据是：1. 花园街储蓄所 2002 年 2 月 16 日的有关账目。2. 花园街储蓄所向公安机关的报案记录。3. 公安机关刑事案件登记表、初查报告、询问杨某斌的笔录和情况说明。4. 杨某斌的取款凭证及取款过程的录像带。

被告辩称：我并未从储蓄所多领 1 万元。我取款时，储蓄所工作人员再三要求我当面清点，我当场点清领取的是 2.1 万元后才离开。我领取的现金是，100 元面额的纸币 10 张；50 元面额的纸币两把，每把 100 张；100 元面额的纸币两把，每把 50 张，总共取款 2.1 万元。原告查账时发现短款就认为是我不当得利，没有任何依据。

庭审质证中，被告杨某斌对原告石林×行提供的录像带及取款凭证的真实性无异议，但认为录像带不能反映其多领取了 1 万元现金，并认为公安机关采用欺骗手段将其传唤讯问，有关笔录不能说明原告的主张。

石林彝族自治县人民法院认为，公安机关的受理刑事案件登记表、情况说明、询问笔录、初查报告，不能证明本案双方当事人争议的事实是否存在，故不予确认。对原告石林×行提交的花园街储蓄所 2002 年 2 月 16 日的账目记录、杨某斌的取款凭证以及取款经过的录像带的真实性予以确认。

双方当事人的争议焦点是：被告杨某斌在取款时，是否多领了 1 万元现金。

石林彝族自治县人民法院认为：

原告石林×行和被告杨某斌对 2002 年 2 月 16 日杨某斌取走

了 4 把封好的纸币和 10 张零散的 100 元纸币无异议，只是对面额为 100 元的两把纸币其中的张数有争议。从储蓄所的监控录像带中可以看出，储蓄所工作人员交给杨某斌的 4 把纸币，均已封好。按照银行系统的规定，整点纸币现金时，无论纸币面额大小，均应以 100 张为单位扎成把，这已形成惯例。据此应认为，本案双方当事人争议的两把 100 元面额纸币，每把应按 100 张计算，每把为 1 万元，两把共计 2 万元。加上无争议的 1000 元现金和 50 元面额的两把纸币，杨某斌当日取走现金总计 3.1 万元。由于储蓄所工作人员的疏忽大意，误将 3.1 万元当作 2.1 万元交付给杨某斌，杨某斌当日实际多领 1 万元。根据《中华人民共和国民法通则》①第九十二条的规定，杨某斌多领的 1 万元现金没有合法根据，也给石林 × 行造成了损失，应属不当得利，杨某斌有责任返还。对杨某斌关于 100 元面额的纸币每把仅为 50 张的抗辩主张，不予支持。

据此，石林彝族自治县人民法院于 2002 年 8 月 16 日判决：

被告杨某斌于本判决生效时，返还给原告中国 ×× 银行云南省石林县支行人民币 1 万元。

一审宣判后，杨某斌向云南省昆明市中级人民法院提出上诉称：我取得的存款实际只有 2.1 万元人民币，没有不当得利。原判仅根据有疑点的视听资料和银行惯例就作出判决，缺乏说服力。请求撤销原判，改判驳回被上诉人石林 × 行的诉讼请求。

① 已随《民法典》施行而废止。

本案二审中争议的焦点仍是：杨某斌当时取走的是 3.1 万元还是 2.1 万元。

昆明市中级人民法院认为：

在本案中，双方争议的焦点是取款的数额问题。直接决定取款数额的，是纸币的种类及数量。双方当事人均认可当日取款时有 10 张零散的 100 元面额纸币，4 把封好的纸币，只是对其中两把 100 元面额的纸币，每把应有多少张存在争议。这个争议决定着上诉人杨某斌是否多领取 1 万元现金。被上诉人石林 × 行既然起诉主张杨某斌多领取了 1 万元现金，就要对杨某斌领取的两把 100 元面额纸币每把肯定是 100 张负举证责任。石林 × 行根据《全国银行出纳基本制度》中对成把纸币张数的规定，主张杨某斌领取的 100 元面额纸币每把也是 100 张。该出纳制度的第八条第二款规定："付出现金要当面点交清楚，银行封签（包括原封新票币）对外无效"，第十条也规定："凡收入的现金，必须进行复点整理，未经复点不得对外支付和解缴人民银行发行库。"这些说明，每把纸币为 100 张的规定，仅是银行内部对收入现金进行清点及封存的标准，是银行系统的内部规定，只对银行系统内部的出纳工作具有规范作用。虽然双方当事人对领取纸币的把数无异议，但银行向储户支付现金，不能以"把"数为计量单位。对支付给储户的现金，必须当面清点，并以当面清点的金额为准。石林 × 行的举证，虽然能够证实储蓄所的工作人员给杨某斌支付了 4 把封好的纸币，却不能确切地证实所支付现金每把都是 100 张，故无法证实当时杨某斌领取的现金是 3.1 万元。另外，从当日杨某斌取款所填写的取款凭条及储蓄所内部记录的流水账中，均只能证实杨某斌的取款金额是 2.1 万元。所以，石林 x 行认为杨某斌取走了 3.1 万元，主张其获得 1 万元的不当得利，该主张没有充分的证据，故依法不予支持。原审法院认定事实不清，适用法律不当，应依法改判。

据此，昆明市中级人民法院依照《中华人民共和国民事诉讼法》第一百五十三条第一款第（三）项的规定，于 2002 年 11 月 8 日判决：

一、撤销石林彝族自治县人民法院判决；

二、驳回被上诉人中国 ×× 银行石林县支行的诉讼请求。

三、二审案件受理费共计 1110 元，由被上诉人中国 ×× 银行石林县支行负担。

本判决为终审判决。

· 分析与思考 ·

现代社会，尤其是城市中，广泛使用监控摄像，主要应用于交通干道和经营场所，因此，一旦涉及事实认定就会调取监控录像以辨明争议事实。在诉讼中也是如此，本案使用了视听资料——银行柜台录像。但该录像资料只能够证明当事人在该银行柜台提取过现金。关于提取现金的事实，取款人并不否认。双方争议的焦点是取款的数额——究竟是 3.1 万元，还是 2.1 万元。关于这一事实的证明，当事人双方的陈述都没有什么证明力。在收集证据时，务必注意哪些是最需要证据证明的事实，思考有哪些证据能够证明取款的数额。这一点需要对银行的相关业务有所了解，知晓取款数额能够留下痕迹的环节。法院或当事人最终了解到，流水账记录能够证明当事人的取款数额。案件关键事实争点问题得以解决。虽然在此案中，取款录像这一视听资料未能作为证明争议数额的证据，但也不能忽视视听资料的证据价值，在许多情形中，视听资料是整个案件事实证明链中的一环。

第六章

电子数据

chapter 6

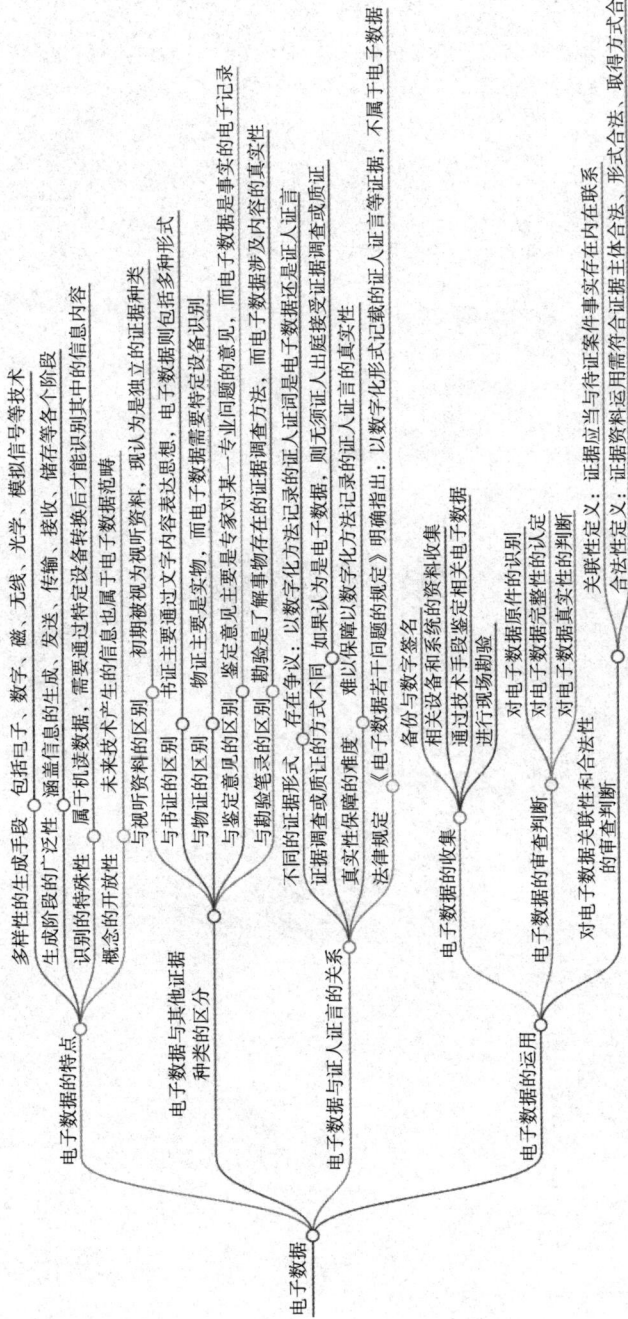

① 要点速览

电子数据

- **电子数据的特点**
  - 多样性的生成手段 —— 包括自子、数字、磁、无线、光字、模拟信号等技术
  - 生成阶段的广泛性 —— 涵盖信息的生成、发送、传输、接收、储存等各个阶段
  - 识别的特殊性 —— 属于特定信息也属于电子数据范畴，需要通过特定设备转换后才能识别其中的信息内容
  - 概念的开放性 —— 未来技术产生的信息也属于电子数据范畴

- **电子数据与其他证据种类的区分**
  - 与视听资料的区别 —— 初期被视为视听资料，现认为是独立的证据种类
  - 与书证的区别 —— 书证主要通过文字内容表达思想，而电子数据则包括多种形式
  - 与物证的区别 —— 物证主要是实物，而电子数据需要特定载体识别
  - 与鉴定意见的区别 —— 鉴定意见主要是专家对某一专业问题的意见，而电子数据涉及内容的真实性
  - 与勘验笔录的区别 —— 勘验是了解事物存在的证据特点方法，而电子数据是事实的电子记录

- **电子数据与证人证言的关系**
  - 不同的证据形式 —— 存在争议，以数字化方法记录的证人证词是电子数据，还是证人证言
  - 证据调查或质证的方式不同 —— 如果认为以数字化方法记录的证人证言，则无须证人出庭接受证据调查或质证
  - 真实性保障的难度 —— 难以保障以数字化方法记录的证人证言的真实性
  - 法律规定 —— 《电子数据若干问题的规定》明确指出：以数字化形式记录的证人证言等证据，不属于电子数据

- **电子数据的运用**
  - 电子数据的收集
    - 备份与数字签名
    - 相关设备和系统的资料收集
    - 通过技术手段鉴定相关电子数据
    - 进行现场勘验
  - 电子数据的审查判断
    - 对电子数据载件的识别
    - 对电子数据完整性的认定
    - 对电子数据真实性的判断
  - 对电子数据关联性和合法性的审查判断
    - 关联性定义：证据应当与待证案件事实存在内在联系
    - 合法性定义：证据资料运用需符合证据主体合法、形式合法，取得方式合法和程序合法要求

一、什么是电子数据

《民事诉讼法》在 2012 年修改时，将电子数据作为一种独立的证据种类进行了规定。

电子数据，也称电子证据，是指基于电子技术生成，以数字化形式存在于磁盘、磁带等载体中，内容可与载体分离并可多次复制到其他载体中的、能够证明案件事实的数据。可以说，电子数据是一个极具衍生性与扩展性的概括性统称，其表现形式纷繁复杂。[①]《民诉解释》第 116 条第 2 款对电子数据作了具体规定，电子数据是指通过电子邮件、电子数据交换、网上聊天记录、博客、微博客、手机短信、电子签名、域名等形成或者存储在电子介质中的信息。

[①] 参见毕玉谦:《电子数据庭审证据调查模式识辨》，载《国家检察官学院学报》2016 年第 1 期。

2016 年最高人民法院、最高人民检察院和公安部发布的《关于办理刑事案件收集提取和审查判断电子数据若干问题的规定》（以下简称《电子数据若干规定》）第 1 条第 1 款专门为电子数据给出了定义："电子数据是案件发生过程中形成的，以数字化形式存储、处理、传输的，能够证明案件事实的数据。"该规定第 1 条第 2 款还进一步明确了电子数据的四种基本类型：（1）网页、博客、微博客、朋友圈、贴吧、网盘等网络平台发布的信息；（2）手机短信、电子邮件、即时通信、通讯群组等网络应用服务的通信信息；（3）用户注册信息、身份认证信息、电子交易记录、通信记录、登录日志等信息；（4）文档、图片、音视频、数字证书、计算机程序等电子文件。

从自身角度，电子数据具有以下四种特点。[1]第一，生成手段的多样性。除了电子手段，电子数据的生成手段还包括数字、磁、无线、光学、模拟信号及其他手段。例如，我国《中华人民共和国电子签名法》（以下简称《电子签名法》）第 2 条第 2 款规定，"本法所称数据电文，是指以电子、光学、磁或者类似手段生成、发送、接收或者储存的信息"；美国《统一电子交易法》第 2 条第 5 款对"电子形式"的规定是采用电子、数字、磁、无线、光学、电磁或类似的技术。第二，生成阶段的广泛性。电子数据可以在信息生成、发送、传输、接收、储存的各个阶段中产生。第三，识别的特殊性。电子数据属于机读数据，人们无法直接感知其内容，要通过特定设

---

[1] 参见谢勇：《论电子数据的审查和判断》，载《法律适用》2014 年第 1 期。

备的转换才能识别其中的信息内容。第四，概念的开放性。通过未来可能出现的技术手段而产生的信息也应当属于电子数据的范畴。

从与传统的证据类型相比较的角度来看，电子数据具有数字性、巨量性、隐蔽性、易变性、脆弱性和载体多样性等特点，但在特定的技术条件下又具有安全性和稳定性的特点，因为对电子数据的任何删改都会留下一定的痕迹。[1]

二、电子数据与其他证据种类的区分

在对电子数据的研究中，争论最为激烈的是电子数据的定位问题，即电子数据属于现有证据种类中的哪一类，有没有必要将电子数据单独列为一种独立的证据种类。[2] 主要的观点有"视听资料说""书证说""物证说""鉴定结论说""勘验说""混合证据说"和"独立证据说"等。我国三大诉讼法都采用了独立证据说，将电子数据作为独立的证据种类。明确规定电子数据是独立的一种证据种类，突出了电子数据的重要性，将有利于人们更好地使用、审查和判断电子数据。但是，我国法律对于法定证据种类的分类标准并不统一：书证和物证的分类标准是证据与载体之间的关系，当事人的陈述、证人证言、鉴定意见和勘验笔录的分类标准是证据的取得方式，视

---

① 参见毕玉谦：《电子数据庭审证据调查模式识辨》，载《国家检察官学院学报》2016 年第 1 期。
② 参见常怡、王健：《论电子证据的独立性》，载《法学》2004 年第 3 期。

听资料作为独立证据种类的标准是证据的感知方式的特殊性，而电子数据的分类标准则是证据的表现形式具有特殊性。不同的标准导致不同类型的证据之间可能存在重合，给电子数据与其他证据种类的区分带来挑战。[①] 因此，仍有必要对电子数据与其他证据种类的区分进行简要的介绍。

1. 与视听资料的区别

电子数据属于视听资料几乎是早期的通说，且至今仍为多数说，这恐怕在很大程度上与视听资料的历史成因有关，1982年《民事诉讼法（试行）》将视听资料首次作为独立的证据种类予以规定时，除了录音、录像，也将计算机存储资料等划分为视听资料。[②]

支持电子数据属于视听资料的主要原因是电子数据和视听资料之间的相似性：电子数据与视听资料一样具有"可视"性；从存在形式来看，电子数据与视听资料都是以电磁等形式而非文字、符号形式存储在非纸质的介质上的；电子数据和视听资料都需要通过一定的工具或手段转化后，人们才能够直接感知其信息内容；电子数据和视听资料一样，其正本与副本不存在区别。[③]

但是电子数据与视听资料也存在较大区别，电子数据的"可视"性与视听资料的"可视"性并不能简单混同。视听资料的"可视"

① 参见谢勇：《论电子数据的审查和判断》，载《法律适用》2014年第1期。
② 参见常怡、王健：《论电子证据的独立性》，载《法学》2004年第3期。
③ 参见李学军：《电子数据与证据》，载何家弘主编：《证据学论坛》第2卷，中国检察出版社2001年版。

性强调的是以声音和图像而非文字内容来证明案件事实，而电子数据的"可视"性主要是指其记载的文字、符号是"可读的"，将两者的"可视"性混同是值得商榷的。在我国的法定证据种类中，书证、鉴定意见、勘验笔录等都具有可读性，这些证据显然不属于视听资料。[1]

为了将视听资料和电子数据加以区分，对于视听资料与电子数据交叉的情形，《民诉解释》第116条第3款规定，存储在电子介质中的录音资料和影像资料，适用电子数据的规定。

2. 与书证的区别

电子数据以其表达的思想内容来证明案件事实，这与书证相同，基于此，有学者提出了电子数据属于书证的观点。[2]

除了具有相同的运用功能，且能够记录完全相同的内容，电子数据和书证还具有以下的相似性：第一，制作书证的目的在于直接表达人的主观意识、思想和意思表示，电子数据同样具有保存与传达思想的机能，实际上人的主观意识、思想和意思表示也是一种信息资料；第二，书证和电子数据一样，都具有可读性；第三，书证和电子数据的存在同样离不开一定的物质材料作为其载体，只是电子数据和书证所使用的物质材料因科学技术的发展而不同，在某种程度上，电子数据和书证的区别只不过是人们的阅读方式发生了转

---

[1] 参见李学军：《电子数据与证据》，载何家弘主编：《证据学论坛》第2卷，中国检察出版社2001年版。

[2] 参见常怡、王健：《论电子证据的独立性》，载《法学》2004年第3期。

变，但这种转变并不能改变人们制作书证的目的。①

从有些国家和地区的立法实践来看，为满足要式合同对书面形式的要求，在电子商务中将使用的数据电文视为书面形式，在诉讼中其也作为书证予以采信，这一做法的根据是功能等同原则。适用英美法系的国家和地区将电子数据归类于文书证据的范畴，但是相较于文书证据，对电子数据在最佳证据规则和传闻证据规则的适用上进行了特殊处理；适用大陆法系的国家和地区一般将电子数据作为书证或者准书证来对待。

反对电子数据属于书证的观点认为：虽然电子数据可以输出为一定的书面形式，但是某一证据为书面形式并不能简单等同于其属于书证，否则勘验笔录、鉴定意见、当事人陈述、证人证言、视听资料等本身为书面形式或是可表现为书面形式的证据就都可以纳入书证的范畴了；"书证说"无法圆满解决计算机声像资料、网络电子聊天资料的证明机制问题；我国对于电子数据的定位不能当然地与域外对于电子数据的立法实践进行简单类比；功能等同原则并不是形式等同，功能等同是指电子数据的功能和书证的功能具有同等的法律效力，而不是指电子数据在形式上等同于书证并按照书证方式赋予其法律效力。②

① 参见毕玉谦：《电子数据庭审证据调查模式识辨》，载《国家检察官学院学报》2016年第1期。
② 参见刘品新：《论电子证据的定位——基于中国现行证据法律的思辨》，载《法商研究》2002年第4期；沈木珠：《论电子证据的法律效力》，载《河北法学》2002年第2期。

3. 与物证的区别

物证说是一种少数说，主张这一观点的学者并不多。支持电子数据是物证主要是因为电子数据有时也需要鉴别真伪。[①]但是，电子数据的收集分析虽然需要借助特定工具和技术，且电子数据也涉及进行证据扣押的问题，但这些特点并不是物证独有的特征，视听资料等其他种类的证据也有这样的特征。[②]

4. 与鉴定意见的区别

有个别学者将电子数据归为鉴定意见，因为在庭审证据调查中，若一方当事人或法庭质疑某一电子数据的形式证据力，那么必须通过鉴定的方式对电子数据形式上的真实性作出判断。[③]

"鉴定说"的观点并不妥当。这一观点主要是从电子数据的可信度角度得出的结论，但是只有在电子数据已被认可成为可采用的证据后，才涉及通过鉴定来分析判断其真伪的问题，才需要法院依据鉴定意见确定电子证据是否能作为认定案件事实的依据。[④]因此，对电子数据的鉴定，涉及的是对电子数据的审查判断问题，鉴定并不能改变电子数据自身的属性，它只是对电子数据的一种补强手段。

---

① 参见徐立根主编：《物证技术学》第 2 版，中国人民大学出版社 1999 年版，第 759 页。
② 参见邵军：《论电子证据在我国的适用》，载《政治与法律》2005 年第 2 期。
③ 参见毕玉谦：《电子数据庭审证据调查模式识辨》，载《国家检察官学院学报》2016 年第 1 期。
④ 参见李学军：《电子数据与证据》，载何家弘主编《证据学论坛》第 2 卷，中国检察出版社 2001 年版。

5. 与勘验笔录的区别

"勘验说"认为，法庭或当事人在进行庭审证据调查时，因为对电子数据的信息内容无法直接感知，所以必须采用勘验的方式进行调查。[①]但是勘验只是认识事物的存在、形状、形态的证据调查方法，是认识电子数据内容的手段，越过电子数据本身而将认识其内容的手段作为证据并不适当。

三、电子数据与证人证言的关系

电子数据与证人证言显然是不同的证据方法或证据形式。但实际中存在的争议是，通过数字化的方法记录证人对案件事实的证词，究竟是电子数据，还是证人证言。由于毕竟是两种不同性质的证据，二者证据调查或质证的方式都有所不同。如果认为是电子数据，则无须证人出庭接受证据调查或质证，也就难以保障证人证言的真实性。对此，应当看到，虽然以数字化的方法记录了证人证言，但其依然是证人就案件事实作出的陈述，因此，不应当将证人证言归入电子数据。为此，《电子数据若干问题的规定》第 1 条第 3 款特别指出："以数字化形式记载的证人证言、被害人陈述以及犯罪嫌疑人、被告人供述和辩解等证据，不属于电子数据……"

[①] 参见毕玉谦：《电子数据庭审证据调查模式识辨》，载《国家检察官学院学报》2016 年第 1 期。

四、电子数据的运用

（一）电子数据的收集

电子数据的收集，通常有以下几种方法和措施。第一，备份与案件有关的电子数据，并且要在备份的电子数据上进行数字签名。第二，对与电子数据相关的设备和系统的资料进行收集，搜查和扣押相关设备。第三，通过技术手段鉴定相关电子数据。例如，通过对电子数据形成过程的鉴定来确认电子数据是否存在被解密、被删改的情形；又如，对电子数据传递过程的鉴定和对相关设备运行状况的鉴定等。第四，进行现场勘验，包括勘验单机现场、勘验网络现场等。[1]

收集电子数据还要注意对电子数据进行保全。在实践中，电子数据或其复制件要获得法院的认可，通常需要经过公证。[2] 例如，《北京市高级人民法院关于办理各类案件有关证据问题的规定（试行）》第5条规定："……用有形载体固定或者表现的电子数据交换、电子邮件、电子数据等电脑贮存资料的复制件，其制作应经公证或者经对方当事人确认后，才具有与原件同等的证明力。"

---

[1] 参见何家弘主编：《电子证据法研究》，法律出版社2002年版，第57—56页。

[2] 参见谢勇：《论电子数据的审查和判断》，载《法律适用》2014年第1期。

（二）电子数据的审查判断

通说认为，证据有客观性（真实性）、关联性和合法性三个属性。与传统的证据类型相比，对电子数据真实性的审查判断需要注意对电子数据原件的识别和对电子数据的完整性的认定，对于关联性和合法性的审查与判断，电子数据也具有一定的特点。

1. 对电子数据原件的识别

《民事证据规定》第 11 条规定，当事人向人民法院提供证据，应当提供原件或者原物。同时《民事证据规定》第 23 条第 1、2 款规定了，人民法院调查收集视听资料、电子数据，应当要求被调查人提供原始载体。提供原始载体确有困难的，可以提供复制件。当事人向法庭提交的证据应当是原件或原物主要是为了确保证据的客观真实性，因客观原因不能提交原件或原物的，可以提交与原件或原物核对一致的复印件或复制品。电子数据是存储于电子介质中的电子数据信息，在证明案件事实时必须转化为人们可以直接感知的形式，这不同于传统证据种类的原件一般能够直接证明案件事实，由此引发如何识别电子数据原件的问题。[1]

与书证和物证等证据种类不同，对电子数据真实性的判断并不能适用形式主义的要求。这是因为载体是否为原件并不是判断电子

---

[1] 参见最高人民法院民事诉讼法修改研究小组：《中华人民共和国民事诉讼法修改条文理解与适用》，人民法院出版社 2012 年版，第 132 页。

数据真实性的主要因素，这主要取决于以下四点原因：第一，在物理特性上，由于电子数据易于精确复制，其原件与复制件并无本质区别；第二，由于电子数据在生成、发送、传输、接收、储存、复制的每个阶段都会发生形式和载体的变化，很难判断电子数据的"原始出处"；第三，由于电子数据的载体有其寿命限制，载体上的电子数据必然会被周期性地复制到其他载体上，电子数据的"原件"必然会消失；第四，很多电子数据的载体移动不便，无法向法庭提交，且电子数据必须通过一定的设备来显示或转化，人们才能直接认识其中的信息内容，因此法庭质证的电子数据通常是其打印件等复制件。[①] 但是，电子数据原件与复制件的区别并非完全没有意义，电子数据的易修改性决定了数据的复制会增加数据失真的风险，但这一区别与书证和物证的原件与复制件的区别并不能等量齐观。[②]我国《电子签名法》也依照了"功能同等原则"，[③]该法第5条规定："符合下列条件的数据电文，视为满足法律、法规规定的原件形式要求：（一）能够有效地表现所载内容并可供随时调取查用；（二）能够可靠地保证自最终形成时起，内容保持完整、未被更改。但是，在数据电文上增加背书以及数据交换、储存和显示过程中发生的形式变化不影响数据电文的完整性。"我国有学者提出，电子数据原件是指"最初生成的电子数据及其首先固定所在的各种存储介质，也包括如

---

① - ② 参见谢勇：《论电子数据的审查和判断》，载《法律适用》2014 年第 1 期。
③ 参见刘品新：《论电子证据的原件理论》，载《法律科学》2009 年第 5 期。

下电子副本：准确反映原始数据内容的输出物或显示物；具有最终完整性和可供随时调取查用的电子副本；双方当事人均未提出原始性异议的电子副本；经过公证机关有效公证、不利方当事人提供不出反证推翻的电子副本；附加了可靠电子签名或其他安全程序保障的电子副本；满足法律另行规定或当事人专门约定的其他标准的电子副本"。[1]

2. 对电子数据完整性的认定

电子数据的完整性是指电子数据本身的完整性和电子数据所依赖的系统的完整性。[2]

电子数据本身的完整性是构成电子数据原件的一个要素，包括形式上的完整性和内容上的完整性两部分：形式上的完整性是指电子数据必须保持形成时的原始状态；内容上的完整性是指自形成之时起，电子数据的内容保持完整，不存在非必要的添改或删除。[3]但是，在电子数据生成、传播、复制、保管的过程中添加的必要的附属信息并不会损害电子数据的完整性，并且能够证明电子数据的真实性和完整性。[4]

系统的完整性有三层含义："第一，记录电子数据的系统必须处于正常的运行状态，如果系统曾处于不正常状态，则对数据的完整

---

[1] 参见刘品新：《论电子证据的原件理论》，载《法律科学》2009年第5期。
[2] 参见何家弘主编：《电子证据法研究》，法律出版社2002年版，第151页。
[3] 参见聂铄：《电子证据在民事诉讼中的运用》，载《武汉大学学报（哲学社会科学版）》2006年第4期。
[4] 参见谢勇：《论电子数据的审查和判断》，载《法律适用》2014年第1期。

性构成了影响；第二，数据记录必须在业务活动的当时或之后制作，而专为某项目的如诉讼而制作的电子记录无法确保其完整性；第三，在正常运行状态下，系统对业务活动必须有完整的记录，完整的记录是指数据电文信息、附属信息和系统环境信息要统一。"[1]《电子数据若干规定》第 5 条明确规定："对作为证据使用的电子数据，应当采取以下一种或几种方法保护电子数据的完整性：（一）扣押、封存电子数据原始存储介质；（二）计算电子数据完整性校验值；（三）制作、封存电子数据备份；（四）冻结电子数据；（五）对收集、提取电子数据的相关活动进行录像；（六）其他保护电子数据完整性的方法。"

3. 对电子数据真实性的判断

《民事证据规定》第 93 条规定："人民法院对于电子数据的真实性，应当结合下列因素综合判断：

（一）电子数据的生成、存储、传输所依赖的计算机系统的硬件、软件环境是否完整、可靠；（二）电子数据的生成、存储、传输所依赖的计算机系统的硬件、软件环境是否处于正常运行状态，或者不处于正常运行状态时对电子数据的生成、存储、传输是否有影响；（三）电子数据的生成、存储、传输所依赖的计算机系统的硬件、软件环境是否具备有效的防止出错的监测、核查手段；（四）电子数据是否被完整地保存、传输、提取，保存、传输、提取的方法

---

① 何家弘主编：《电子证据法研究》，法律出版社 2002 年版，第 152 页。

是否可靠；（五）电子数据是否在正常的往来活动中形成和存储；（六）保存、传输、提取电子数据的主体是否适当；（七）影响电子数据完整性和可靠性的其他因素。人民法院认为有必要的，可以通过鉴定或者勘验等方法，审查判断电子数据的真实性。"

（三）对电子数据关联性和合法性的审查判断

关联性是指证据应当与待证案件事实存在内在联系。在某些情况下，电子数据必须与系统环境相结合才能与案件事实发生实质性关联，除此之外，电子数据在关联性上与其他类型的证据基本相同。[①]

合法性是指证据资料运用的合法性，包括证据主体合法、证据形式合法、证据取得方式合法和证据程序合法。电子数据具有较强的技术性，在生成、发送、传输、接收、储存的过程中容易出现侵害合法权益或违反法律的现象。因此，电子数据的合法性主要是指证据取得方式的合法性。因为电子数据所依赖的信息系统具有复杂性和多样性，法律无法正面规定在信息系统环境下的取证程序和取证方式，一般只要不属于法律所规定的非法取证的情形就推定取证合法。[②]《民诉解释》第 106 条规定，对以严重侵害他人合法权益、违反法律禁止性规定或者严重违背公序良俗的方法形成或者获取的证据，不得作为认定案件事实的根据。根据这一规定，通过非法窃录、搜查、

① 参见谢勇：《论电子数据的审查和判断》，载《法律适用》2014 年第 1 期。
② 参见聂铄：《电子证据在民事诉讼中的运用》，载《武汉大学学报（哲学社会科学版）》2006 年第 4 期。

用证据说话：民事证据的原理与运用

扣押等方式获得的，且情节严重的电子数据都不具有合法性。

案例评析

IIIIIIIIIIIIIIIII

上海 × 控科技发展有限公司、金华 × 胜网络科技有限公司
计算机软件开发合同纠纷民事二审民事判决书

上诉人（原审被告、反诉原告）：上海 × 控科技发展有限公司。

被上诉人（原审原告、反诉被告）：金华 × 胜网络科技有限公司。

上诉人上海 × 控科技发展有限公司（以下简称上海 × 控公司）因与被上诉人金华 × 胜网络科技有限公司（以下简称金华 × 胜公司）计算机软件开发合同纠纷一案，不服上海知识产权法院于 2021 年 11 月 5 日作出的（2020）沪 73 知民初 138 号民事判决，向本院提起上诉。本院于 2022 年 2 月 15 日立案后，依法组成合议庭，并于 2022 年 3 月 23 日询问当事人。上诉人上海 × 控公司的委托诉讼代理人朱某娟、姜某菡，被上诉人金华 × 胜公司的委托诉讼代理人陶某澄到庭参加询问。本案现已审理终结。

上海 × 控公司上诉请求：1. 撤销原审判决，并依法改判驳回金华 × 胜公司的全部诉讼请求；2. 改判金华 × 胜公司返还上海 × 控公司已支付的开发费 450 000 元并赔偿其损失 2 816 170.36 元；3. 一、二审受理费由金华 × 胜公司承担。事实和理由为：（一）金华 × 胜公司交付的名称为《游戏 ×× 国 OL》游戏（以下简称涉案游戏）

尚未商业化运营，上海 × 控公司支付合同尾款 500 000 元的条件尚未成就。1. 由甲方金华 × 胜公司和乙方上海 × 控公司签订的游戏定制开发合作协议（以下简称开发协议）第 4.2 条约定："自该产品在全球地区（任意国家或地区）正式商业化运营之日起五年内，乙方需按月向甲方支付分成费用，正式商业化运营之日双方需书面签署（附件九：商业运营上线通知书）"。根据该条约定可知，涉案游戏正式商业化运营前需要经过双方书面确认，上海 × 控公司与金华 × 胜公司并未进行过书面确认。2. 涉案游戏由案外人北京 ×× 人信息技术有限公司（以下简称 ×× 人公司）负责实际运营，×× 人公司在 TapTap 平台对涉案游戏进行了测试并产生运营收入，但游戏付费测试不代表已商业化运营。（二）金华 × 胜公司未履行合同约定的游戏维护和更新义务，属于严重违约行为，上海 × 控公司要求金华 × 胜公司返还已支付的开发费 450 000 元并赔偿损失 2 816 170.36 元，具有事实和法律依据。开发协议第 12.2 条约定："甲方应确保有至少 5 人的维护团队，在有效期内持续维护和更新游戏。甲方应每 15 天对游戏软件提供任务更新，每 90 天对游戏软件提供玩法更新，每 180 天对游戏软件进行资料片更新……若甲方未履行本条约定超过 3 个月，则乙方有权单方面终止协议，乙方保留要求向甲方继续索赔的权利。"根据上述约定，金华 × 胜公司有义务在合同期限内对涉案游戏进行维护和定期更新。然而，涉案游戏仅于 2019 年 1 月 24 日进行过一次更新，金华 × 胜公司未履行合同义务导致涉案游戏下线，金华 × 胜公司应赔偿上海 × 控公司的损失。

金华×胜公司辩称：原审判决认定事实清楚，适用法律正确，应当予以维持。事实和理由为：（一）上海×控公司支付合同尾款的条件已成就。1.上海×控公司向××人公司发送的邮件显示，删档计费测试已经完成，满足了双方测试数据需求。2.上海×控公司贾某曾就合同尾款问题表示已经开始走内部流程，很快就有结果。3.在上海×控公司与××人公司的微信交流中，上海×控公司表示涉案游戏已经商业化运营。4.上海×控公司与××人公司签订的涉案游戏 App 版本独家运营发行合同（以下简称运营合同）约定，商业化运营是指授权游戏向终端用户开放收费的阶段（不论通过任何形式进行收费），并约定了开放收费所得的分成款分配比例。合同履行过程中，××人公司向上海×控公司主张了苹果账号的分成款。综上，涉案游戏已经商业化运营并产生了运营收入，上海×控公司关于涉案游戏没有商业化运营的主张不能成立。即使认定涉案游戏未商业化运营，在无证据证明因金华×胜公司或游戏本身问题未商业化运营的情况下，上海×控公司应支付合同尾款。（二）金华×胜公司已按开发协议及涉案游戏定制开发合作协议补充协议三（以下简称补充协议三）的约定履行了更新义务。1.上海×控公司未提交证据证明涉案游戏存在影响正常运行的问题，也未证明其向金华×胜公司反馈过涉案游戏存在的问题。2.截至2019年1月24日，涉案游戏版本为 V1.1.9，说明金华×胜公司履行了游戏更新义务。3.涉案游戏终止运行的主要原因在于游戏运营数据不达标，并非游戏开发的问题。

金华 × 胜公司向原审法院提起诉讼，原审法院于 2020 年 1 月 17 日立案受理，金华 × 胜公司起诉请求：判令上海 × 控公司支付开发费 500 000 元，并支付利息损失（自起诉之日起至实际履行之日止，按照中国人民银行同期同类贷款基准利率计算）。原审中，金华 × 胜公司变更利息的计算方式为按照全国银行间同业拆借中心公布的贷款市场报价利率（LPR）计算。

上海 × 控公司原审辩称：涉案游戏未验收通过，亦未正式商业化运营，支付合同尾款的条件尚未成就。涉案游戏存在的问题较多，金华 × 胜公司未履行游戏更新义务构成违约，上海 × 控公司有权拒绝支付剩余款项。

上海 × 控公司向原审法院提出反诉请求：1. 判令金华 × 胜公司返还已经支付的开发费 450 000 元；2. 判令金华 × 胜公司赔偿其违约行为给上海 × 控公司造成的损失 2 816 170.36 元；3. 金华 × 胜公司向上海 × 控公司交付涉案游戏源代码。

金华 × 胜公司针对反诉辩称：涉案游戏已经验收通过，上海 × 控公司应当支付剩余开发费。在合同履行中，金华 × 胜公司并无过错，不存在违约行为，不应承担相关的违约责任。金华 × 胜公司已经交付了涉案游戏源代码。

原审法院认为：

本案的争议焦点在于：（一）上海 × 控公司是否应当向金华 × 胜公司支付开发费 500 000 元及利息；（二）上海 × 控公司的反诉主张是否成立。

关于争议焦点一。双方签订的补充协议三的第1.2条约定：涉案游戏在约定地区任一版本正式商业化运营一个月后，并且在收到金华×胜公司开具的税点为6%的增值税专用发票15个工作日内，上海×控公司应向金华×胜公司支付500 000元。本案中，现有证据能够证明涉案游戏符合合同要求，上海×控公司应当向金华×胜公司支付合同款项500 000元。首先，2018年12月17日××人公司发送的邮件表明，涉案游戏已经通过测试，游戏玩法和功能符合项目约定要求。其次，2019年7月16日上海×控公司员工"康某"（网名）的聊天记录以及上海×控公司与××人公司签订的运营合同等证据可以证明，涉案游戏已经商业化运营且产生了运营收入。上海×控公司关于涉案游戏未商业化运营的主张，与事实不符。即使涉案游戏确未商业化运营，由于涉案游戏已经通过公测、符合合同要求，在无相反证据证明系金华×胜公司或游戏本身原因导致未能商业化运营的情况下，上海×控公司无正当理由未将涉案游戏商业化运营，应视为付款条件成就。故对于上海×控公司的相关主张，原审法院不予采信。由于上海×控公司延期付款确给金华×胜公司造成的相应利息损失，金华×胜公司要求支付自起诉日至实际支付日、按同期全国银行间同业拆借中心公布的贷款市场报价利率计算利息的主张，应予以支持。

关于争议焦点二。第一，现有证据已经证明涉案游戏符合合同要求，通过了游戏公测，上海×控公司并无相反证据证明涉案游戏存在影响其正常运行的问题，也无证据证明上海×控公司向金华×

胜公司反馈过涉案游戏存在的问题；即使涉案游戏客观上存在上海×控公司所述的闪退等问题，这也属于软件开发常见的问题，可以通过后续维护解决。第二，关于上海×控公司认为金华×胜公司未对涉案游戏进行更新的主张，原审法院认为，涉案游戏开发完成后随着软件的测试运行，金华×胜公司负有对游戏进行更新的义务。但现有证据并不足以证明金华×胜公司违反了该义务。首先，现有证据能够表明涉案游戏存在多个版本，截至 2019 年 1 月 24 日，涉案游戏的版本为 V1.1.9，说明涉案游戏存在更新。其次，根据开发协议第 9 条关于更新和维护的约定，金华×胜公司应当根据上海×控公司的需求进行游戏内容更新。本案中，并无证据证明上海×控公司针对涉案游戏的更新提出过具体需求。最后，即使金华×胜公司未履行游戏更新的义务，并无证据证明涉案游戏未更新直接导致无法进行商业化运营。事实上，根据上海×控公司与××人公司的聊天记录以及终止协议书的内容，涉案游戏终止运行的主要原因在于游戏运营数据不达标，并非游戏软件本身的开发问题，而且涉案游戏在终止协议书签订时并未下线。因此，并无证据证明××人公司与上海×控公司终止涉案游戏合作系由于涉案游戏本身的功能不符合要求，对于上海×控公司以涉案游戏存在问题、未进行更新等要求金华×胜公司返还 450 000 元开发费并赔偿损失的主张，不应予以支持。第三，关于上海×控公司要求交付涉案游戏源代码的主张，鉴于并无证据证明金华×胜公司已经交付涉案游戏源代码，由于开发协议、补充协议约定涉案游戏的知识产权归上海×控公司所有，在上海 × 控公司支付涉案游戏开发费的情况下，其要求金华 × 胜公司交付涉案游戏源代码的主张，并无不当，应予以支持。

本院二审期间，上海 × 控公司补充提交了 8 份新证据……证据 6. 上海 × 控公司贾某与王某娜的微信聊天记录，拟证明金华 × 胜公司研发进度拖延，且涉案游戏测试数据未达到预期。证据 7. 金华 × 胜公司于 2018 年 12 月 17 日向上海 × 控公司发送的催款邮件，邮件记载"如果 12 月 20 日前没有收到 × 控的首款支付，届时我们将不会开启测试服务器"，拟证明 2018 年 12 月 20 日上线的是涉案游戏测试版本，上海 × 控公司支付的 500 000 元开发费系受金华 × 胜公司胁迫。证据 8. 上海 × 控公司、金华 × 胜公司、×× 人公司三方沟通涉案游戏停服事宜的邮件，拟证明涉案游戏停服是 ×× 人公司的要求，由金华 × 胜公司执行，上海 × 控公司对此并无实际控制力。

金华 × 胜公司二审补充提交了陈某亮与贾某的聊天记录，以及辛某与王某娜的聊天记录，拟证明涉案游戏尾款已具备支付条件，上海 × 控公司就支付合同尾款问题并无异议。

上海 × 控公司经质证认为：对陈某亮与贾某聊天记录的真实性予以认可，对其证明目的和证据形式不予认可。对辛某与王某娜的聊天记录的真实性、证据形式、证明目的均不予认可，认为该证据仅是 2019 年 5 月 16 日当天的聊天记录，并不完整。

对双方当事人二审期间提交的证据，本院认证意见如下：

关于上海 × 控公司提交的证据：证据 1 的真实性予以认可，该公证书的内容与本案不具有关联性，本院不予采信。证据 2、4 的真实性予以认可，但不能证明涉案游戏未商业化运营，具体理由将在本院认为部分详述。证据 3 与金华 × 胜公司提交的聊天记录相互印证，可以证明金华 × 胜公司曾多次向上海 × 控公司催款的事实，对该证据的真实性、合法性与关联性予以认可。证据 5 的真实性予以认可，但不能证明金华 × 胜公司未履行游戏更新的义务，具体理由将在本院认为部分陈述。证据 6 的真实性予以认可，贾某与王某娜关于金华 × 胜公司研发进度拖延的沟通是在双方补充协议三签订之前，双方的聊天内容无法证明金华 × 胜公司实际拖延了开发进度，对该证据本院不予采信。证据 7 的真实性予以认可，该邮件内容反映出上海 × 控公司未按双方签订的补充协议三按时支付游戏开发费，无法证明其支付 500 000 元开发费系受胁迫。证据 8 的真实性予以认可，该邮件内容可以确认涉案游戏关服和下架时间，但无法证明涉案游戏未商业化运营。

关于金华 × 胜公司提交的证据：该两份证据与上海 × 控公司提交的相关聊天记录可以互相印证，对其真实性、合法性、关联性均予以认可。

…………

法院认为，2018 年 12 月 3 日，上海 × 控公司给 × × 人公司发送的邮件记载了涉案游戏 11 月 22 日—11 月 28 日的运营统计的相关数据。其中，注册人数分别为 5595、2430、2224、999、426、421、299，合计 12 394 人；登录人数分别为 5596、4528、4822、3436、2537、2294、1944，合计 25 157 人；充值人数分别为 400、275、

257、111、69、39、25，合计 1176 人；充值金额分别为 19 151.11、10 958、15 294、9301、5260、4397、1506，合计 65 867.11 元。

上海 × 控公司的法定代表人贾某与金华 × 胜公司陈某亮的微信聊天记录记载：2019 年 1 月 7 日，陈某亮向贾某催款称"那个结算啊，你还得帮我催一下……否则后面到版本啊，各方面 ×× 人又提了很多需求版本都跟不上就麻烦了。"贾某回复"海外这边的那个发行，如果找到咱们这边，其实我还是希望我们这边人在场，大家一块儿聊这个东西，包括国内现在发行的这个情况数据，我也不希望有私自外泄的……"陈某亮回复"……你要知道 ×× 人提了多少需求啊，是不是像你们现在只要商务对接就完了，我们这里倒是天天所有人加班加点在处理……"1 月 30 日，陈某亮问"游戏第二笔款有计划啥时候打吗？"贾某回复"第二笔款应该在年后，×× 人那边还没有给打过来。"陈某亮说"我们第二笔一共也就 50 万，拖的时间太久了。"3 月 13 日，陈某亮问"贾总，游戏款项怎么样了？"贾某回复"已经开始和 ×× 人那边的沟通了，争取这个月出结论。款项我这一直盯着。"4 月 2 日，陈某亮问"贾总，游戏的结算款怎么安排了啊？"贾某回复称"×× 人这边在走内部流程了，估计很快能有结果。"5 月 16 日，陈某亮问"你们要把代码也买过去？"贾某回复"这是最近在和 ×× 人谈的条件，目前国内我们版本买断就没有后续了，我们还想继续做下去的话没有代码如何迭代。海外我们继续，只是国内这块自行开发。"

上海 × 控公司贾某与 ×× 人公司高某的聊天记录记载：2019

年 1 月 3 日高某称"现在数据好惨。我们现在是强拉收……现在我们打算停止投入了。"贾某问"上线之后做了哪些投入,大概花了多少?"高某回复"一些市场方面的投入"。

2019 年 3 月 4 日,上海 × 控公司向 ×× 人公司发送的邮件记载:"你我双方合作的《游戏 ×× 国 OL》,自 2018 年 12 月 20 日 IOS 上架以来(2018 年 12 月 27 日安卓官方上线,2019 年 1 月 24 日安卓三方渠道上线),至今 2 月有余,合作期间,我司产品在 AppStore 上多次获得苹果推荐,为双方合作的产品带来不少新增自然量。根据你我双方签订的代理协议约定,× 控早已满足第二笔应收款的条件,特在之前合作款支付邮件的基础上作出此次催款。"

2019 年 5 月 16 日,金华 × 胜公司辛某与上海 × 控公司王某娜的微信聊天记录记载:王某娜说"我们想把游戏再搞搞,但是你们的人力都在做定制新产品上,国内的版本我想再捣鼓捣鼓……辛哥那边觉得咋样",辛某回复"还是钱的事啊……之前 ×× 人的项目合作,钱都没收完呢……"王某娜说"现在差 50 万元了是吧",辛某回复"差一个尾款了,我没看合同不知道尾款是不是 50 万元",王某娜说"我刚才问之前负责定制的同学,他们说没有代码,所以我捣鼓不了……所以我在想,这样是不是正好可以推进下款的事儿。然后代码的事儿一定,钱就好支付了。是 50 万元,我刚才问史某了"。辛某说"哈哈,你这说的简单啊……"王某娜回复称"国内版本我们自己弄,不占用你们的人力了,因为我们想把商业化内容改改,要不然浪费了",辛某问"你的意思就是我们把代码给你们,你们自己来搞"，王某娜回复"嗯，是的"。

2019 年 11 月，上海 × 控公司、金华 × 胜公司、×× 人公司三方通过电子邮件沟通涉案游戏停服事宜。相关邮件内容显示，2019 年 11 月 7 日，涉案游戏关闭注册和充值。2020 年 1 月 6 日，涉案游戏关闭服务器停止运营。

关于双方沟通过程。首先，金华 × 胜公司陈某亮、辛某分别向上海 × 控公司贾某、王某娜主张涉案游戏尾款结算时，上海 × 控公司均未提及涉案游戏未商业化运营，亦未主张不具备支付尾款条件。特别是，上海 × 控公司的法定代表人贾某在回复陈某亮催款时表示"×× 人那边还没有给打过来。""已经开始和 ×× 人那边的沟通了……款项我这一直盯着。""×× 人那边在走流程，估计很快有结果。"可见，上海 × 控公司拖欠 500 000 元尾款的原因系 ×× 人公司未及时打款，而非涉案游戏未商业化运营。其次，×× 人公司高某称对涉案游戏进行了"一些市场方面的投入"，在运营数据不好的情况下准备"停止市场方面的投入"，上述内容亦可以证明作为运营方的 ×× 人公司已经对涉案游戏进行了商业化运营。最后，上海 × 控公司向 ×× 人公司主张付款时称"游戏不是已经正式商业化运营了吗，第二、三笔付款条件都满足啊。"可见，在与案外人 ×× 人公司的合同履行过程中，上海 × 控公司对涉案游戏已经商业化运营进行了确认，并据此向 ×× 人公司主张了权利。

综上所述，上海 × 控公司关于涉案游戏未商业化运营的主张不能成立，本院不予支持。原审判决认定上海 × 控公司应向金华 ×

胜公司支付尾款 500 000 元及利息并无不当，本院予以确认。

二审法院经过审理认为，上海 × 控公司的上诉理由不能成立，其上诉请求应予驳回。一审判决认定事实清楚，适用法律正确，应予维持。驳回上诉，维持原判。

在本案中，电子数据这一证据在主要事实的认定上发挥了非常重要的作用。本案涉及的主要事实是涉案游戏是否进行了商业化运营问题。关于这一事实问题，法院通过当事人提交的电子邮件、聊天记录等电子证据作出了认定。法院通过质证程序对该电子邮件、聊天记录等电子数据的真实性进行质证和认证，保证了电子邮件的真实性。正是依据这些电子数据正确地认定了事实，并根据该事实作出正确裁判。

由于电子邮件有发送接收记录，相对比较容易加以确认，因此在商业经济关系交往中，电子邮件能够更真实地记录法律关系的成立、变化的过程。因此，在实践中民事主体应尽可能地保留这些电子数据以防止在事实认定上发生争议，更好地维护自己的合法权益。

第七章

当事人的陈述、
物证与勘验笔录

chapter 7

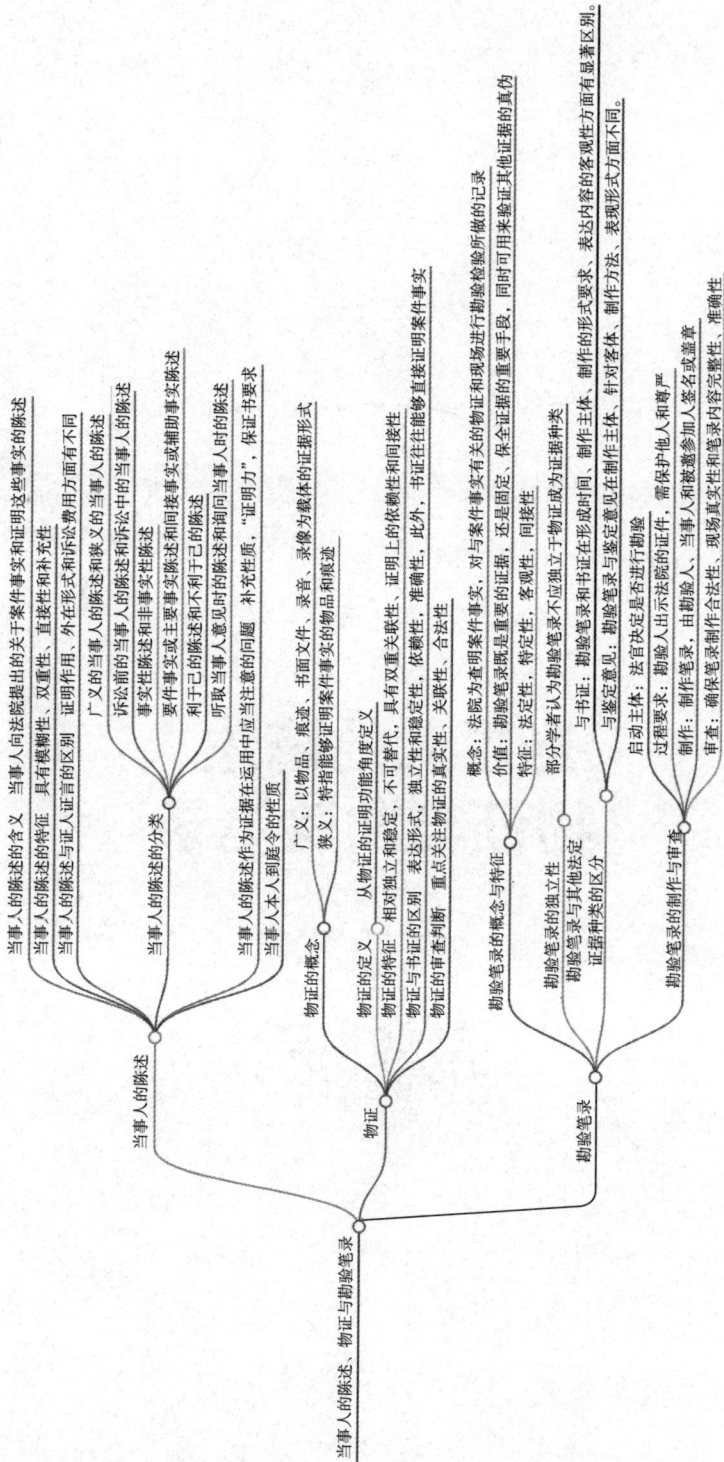

1 要点速览

当事人的陈述、物证与勘验笔录

当事人的陈述

- 当事人的陈述的含义：当事人向法院提出的关于案件事实和证明这些事实的陈述
- 当事人的陈述的特征
  - 具有模糊性、双重性、直接性和补充性
- 当事人的陈述与证人证言的区别
- 广义的当事人的陈述
  - 证明作用、外在形式和诉讼费用方面有不同
- 当事人的陈述的分类
  - 诉讼前的陈述和诉讼中的当事人的陈述
  - 事实性陈述和非事实性陈述
  - 要件事实或主要事实陈述和间接辅助事实的陈述
  - 利于自己的陈述和不利于己的陈述
- 当事人的陈述作为证据在运用中应当注意的性质
  - 听取当事人意见时应当注意的问题 补充性质，"证明力"，保证书要求
- 当事人本人到庭的性质

物证

- 物证的概念
  - 广义：以物品、痕迹、书面文件、录音、录像为载体的证据形式
- 物证的定义
  - 狭义：特指能够证明功能角度定义
- 物证的特征
  - 相对独立和稳定、不可替代、具有双重关联性
- 物证与书证的区别
  - 表达形式、独立性和稳定性、依赖性、间接性
- 物证的审查判断
  - 独立性和稳定性、关联性、合法性
  - 重点关注物证证的真实性、关联性、合法性

勘验笔录

- 勘验笔录的概念与特征
  - 概念：法院为查明案件事实，对与案件事实有关的物证和现场进行勘验检查所做的记录
  - 价值：勘验笔录既是重要的证据，还是固定、保全证据的重要手段
  - 特征：法定性、特定性、客观性、间接性
- 勘验笔录的独立性
  - 部分学者认为勘验笔录不应独立于物证成为证据种类
- 勘验笔录与鉴定、证据种类的区分
  - 与书证：勘验笔录和书证往往在形成时间、制作主体、制作的形式或时间、针对客体、制作方法、制作方法、制作形式等方面有显著区别。
  - 与鉴定：勘验笔录 鉴定意见 书面 同时可用来验证其他证据的真伪 勘验笔录与鉴定意见应在法院的审验
- 勘验笔录的制作与审查
  - 启动主体：法官决定是否进行勘验
  - 过程要求：勘验人出示法院的证件，需保护他人和尊严
  - 制作：制作笔录，由勘验人、当事人和被邀参加人签名或盖章
  - 审查：确保勘验真实性和笔录制作合法性、现场笔录和内容完整性、准确性

第一节　当事人的陈述

一、当事人的陈述的含义

当事人的陈述，是指案件的当事人向人民法院提出的关于案件事实和证明这些事实情况的陈述。[①] 当事人的陈述是《民事诉讼法》第 66 条规定的法定证据类型之一，在民事诉讼中具有重要的作用。从认识论和民事诉讼过程中的一般情形的角度来看，法官在很大程度上是根据当事人双方陈述的内容和表现来推知判断案件事实的。[②]

二、当事人的陈述的特征

作为证据的当事人的陈述具有以下特征。

1. 外观上的模糊性

在具体的诉讼程序运作中，当事人的陈述与其他证据种类相比，往往不能从内容和外观上明确识别，当事人的陈述完全分散在他们

---

① 参见全国人大常委会法制工作委员会民法室编：《中华人民共和国民事诉讼法条文说明、立法理由及相关规定》，北京大学出版社 2012 年版，第 97 页。
② 参见王亚新、陈杭平：《论作为证据的当事人的陈述》，载《政法论坛》2006 年第 6 期。

于不同的程序场景下所做的口头主张、辩论或提交的书面材料之中。[①]

2. 属性上的双重性

把当事人的陈述作为证据，意味着对同一事实的陈述同时具有事实主张和证明这一主张的证据的双重属性。[②]

3. 证明上的直接性

当事人的陈述一般能够直接证明案件事实。这是因为当事人作为争讼权利义务的直接承担者，对争议发生的过程有着其他人无法比拟的感知。[③]

4. 证明上的补充性

当事人的陈述不能孤立地发挥证明案件事实的作用，必须与其他证据相结合进行综合判断，才能确定其是否能够作为认定案件事实的依据。

三、当事人的陈述与证人证言的区别

当事人的陈述和证人证言都是从证据的取得方式角度对证据种类所做的划分，在诉讼实践中，当事人的陈述和证人证言在运用上具有一定的相似性。从本质上来说，这是因为两者都是一定主体对

[①] 参见王亚新、陈杭平：《论作为证据的当事人的陈述》，载《政法论坛》2006 年第 6 期。
[②] 参见李浩：《当事人的陈述：比较、借鉴与重构》，载《现代法学》2005 年第 3 期。
[③] 参见王福华：《当事人的陈述的制度化处理》，载《当代法学》2004 年第 2 期。

于其了解的案件事实所作的陈述，都是主观对客观的反映，即将其对曾经感知到的案件事实的记忆通过口头方式再现。但是，当事人的陈述和证人证言毕竟属于两种不同的证据种类，两者在运用上具有诸多的不同之处。从根本上来讲，造成这些不同之处的主要原因是当事人和证人的诉讼地位不同，当事人同时具有诉讼主体和证据来源的地位，[①]而证人只具有证据来源的地位。具体来说，当事人的陈述和证人证言主要有以下几个不同之处。

1. 在证明作用方面，当事人的陈述具有补充性

当事人具有诉讼主体的地位，这使其所作的陈述更容易受到主观因素的影响，可靠性较低。因此，当事人的陈述不能单独作为认定案件事实的依据。证人证言是诉讼中广泛应用的一种证据，除了与一方当事人或者其代理人有利害关系的证人出具的证言和无正当理由未出庭作证的证人证言，其他的证人证言可以作为单独认定案件事实的依据。

2. 在外在形式方面，当事人的陈述具有广泛性

虽然为了保证证据的真实性，证人证言和当事人的陈述在原则上都应当通过口头方式作出，但是由于当事人的诉讼主体地位，当事人的陈述具有事实主张的性质，将当事人的陈述限制在口头方式上既不现实也不可取。当事人在起诉状、答辩状中陈述的事实都可

---

① 参见齐树洁、王晖晖：《当事人的陈述制度若干问题新探》，载《河南省政法管理干部学院学报》2002 年第 2 期。

以作为当事人的陈述，而证人证言仅在特殊的例外情况下才可以通过书面的方式作出。

3. 在诉讼费用方面，当事人的陈述不具有补偿性

证人因出庭作证所支出的交通、住宿、就餐等必要用途的费用和误工损失应当得到补偿，由败诉的一方负担。但当事人是诉讼主体，其作出陈述是为了自己的利益，所支出的费用属于进行诉讼的必要费用，由其自己承担。

四、当事人的陈述的分类

（一）分类的实际意义

当事人的陈述所包含的内容复杂繁多，并不是所有的当事人的陈述都可以作为认定案件事实的依据。《民事诉讼法》仅笼统规定了当事人的陈述是独立的证据种类，却没有明确哪些当事人的陈述可以作为证据使用。从不同层次上对当事人的陈述进行分类，明确哪些当事人的陈述可以用来证明案件事实，有助于更好地理解作为法定证据种类的当事人的陈述。

（二）具体的分类

1. 广义的当事人的陈述和狭义的当事人的陈述

广义的当事人的陈述至少包括当事人对案件事实、诉讼请求和诉讼标的的主张或陈述，狭义的当事人的陈述只是当事人对案件事实的主张和陈述。从民事诉讼证明要求真实地认定案件事实，为法院作出判决提供事实方面的根据的直接目的来看，作为证据的当事人的陈述应当是狭义的。[①]实际上，狭义的当事人的陈述也并不是都可以作为证明案件事实的证据的。

2. 诉讼前的当事人的陈述和诉讼中的当事人的陈述

从时间的角度来讲，当事人的陈述分为诉讼前的当事人的陈述和诉讼中的当事人的陈述。在实践中，诉讼前的当事人的陈述通常会转化为其他证据种类中的证据。因此，对当事人的陈述的分类针对的是诉讼中的当事人的陈述。

3. 事实性陈述和非事实性陈述

从"请求"层面和"事实"层面的角度来看，当事人的陈述分为事实性陈述和非事实性陈述。当事人在诉讼中的陈述涉及多方面内容，有关于诉讼请求或反驳诉讼请求的陈述，有关于请求或抗辩事实依据和法律依据的陈述，有关于自己对行为或事件法律性质认识的陈述，有要求法院适用某个条文及对法律条文理解的陈述，有关于某项物证和书证的说明的陈述，也有仅仅是表达自己的惊讶、愤怒等情绪的陈述。[②]能够作为证明案件事实的证据的当事人的陈述必须是当事人关于案件事实所作的事实性陈述。

[①] 参见邵明：《我国民事诉讼当事人的陈述制度之"治"从民事诉讼证据的角度分析》，载《中外法学》2009年第2期。

[②] 参见李浩：《当事人的陈述：比较、借鉴与重构》，载《现代法学》2005年第3期。

4.要件事实或主要事实陈述和间接事实或辅助事实陈述

从事实对案件证明的作用的角度来讲，当事人的陈述可以分为两个层次：一是当事人对能够左右权利存在与否的要件事实或主要事实所作出的陈述，二是对间接事实和辅助事实所作出的陈述，其中双方当事人关于任何间接事实或辅助事实的陈述都只是法官自由心证的对象，而不能直接具有法律上的意义或效果。[1]因此，具有证明意义的当事人的陈述应当是当事人对要件事实或者主要事实所作的陈述。

5.利于己的陈述和不利于己的陈述

从当事人的事实陈述是否符合本人的诉讼利益的角度来讲，当事人的陈述可以被区分为利于己的陈述和不利于己的陈述。在诉讼中，当事人对不利于己的事实的陈述，构成诉讼上的自认，该事实应当作为免证事实而无须证据来证明，将当事人对不利于己的事实的陈述作为证据处理显然是不合理的。[2]既然不利于己的当事人的陈述构成诉讼上的自认，那么能够作为证据的当事人的陈述只能是当事人对于利于己的事实所作的陈述。然而，困难恰恰在于如何才能使这类利于己的当事人的陈述获得使它们成为证据的正当性。[3]

① 参见王亚新、陈杭平：《论作为证据的当事人的陈述》，载《政法论坛》2006 年第 6 期。
② 参见邵明：《我国民事诉讼当事人的陈述制度之"治"从民事诉讼证明的角度分析》，载《中外法学》2009 年第 2 期。
③ 参见李浩：《当事人的陈述：比较、借鉴与重构》，载《现代法学》2005 年第 3 期。

即使是对利于己的事实，当事人的陈述也具有不同的动机。当事人对事实的陈述主要有以下几种目的：第一，履行其主张责任，向法院说明请求或抗辩的事实依据；第二，否认对方当事人主张的事实，向法院表明事实的真实情况与对方陈述的完全不同；第三，通过自己的陈述来证明自己主张的事实为真实；第四，应法院的要求对原先的陈述进行补充，以消除原先陈述中相矛盾之处或者使先前陈述中不完整、不明确部分变得完整、明确。在上述陈述中，只有被法院用来判断事实真伪、认定案件事实的，才是证据性的当事人的陈述。[①]

6.听取当事人意见时的陈述和询问当事人时的陈述

从域外经验的角度来讲，当事人的陈述可以被区分为听取当事人意见时的陈述和询问当事人时的陈述。这对应了适用大陆法系的国家和地区在民事诉讼程序中对当事人的陈述的两种程序运作形态——当事人听取制度和当事人询问制度。

当事人听取制度的基础在于当事人的诉讼主体地位。当事人作为诉讼主体，在向法院提出诉讼请求的同时，必须提供支持其请求的理由，[②]而且这种理由必须是完整、明确的。当事人听取的目的就在于通过听取当事人本人对案件事实的陈述，了解或进一步明确当事人关于案件事实的主张，补充事实陈述中不完整的部分，除去不

---

① 参见李浩：《当事人的陈述：比较、借鉴与重构》，载《现代法学》2005 年第 3 期。
② 参见齐树洁、王晖晖：《当事人的陈述制度若干问题新探》，载《河南省政法干部管理学院学报》2002 年第 2 期。

明确的部分，将有争议的事实与无争议的事实区分开来，确定案件的审理范围。[①] 当事人在听取时所作的陈述并不具有证据意义，法院不得以此种陈述作为认定事实的依据。当事人询问制度是指法院为了利用当事人本人的陈述（包括拒绝陈述）对争议事实作出判断，决定询问当事人的制度，当事人在询问时所作的陈述则是证据方法的一种，具有证据作用。[②]

五、当事人的陈述作为证据在运用中应当注意的问题

（一）当事人的陈述是一种补充性的证据

如前所述，当事人的陈述在诉讼证明中具有补充性，仅有当事人的陈述，不能认定案件事实。这是大陆法系民事诉讼法的通例。在适用大陆法系的国家和地区的民事诉讼中，作为证据使用的当事人的陈述一般是通过法官询问当事人的方式获得的。只有在没有其他证据或其他证据不足以证明待证事实，以及言词辩论的结果或已经进行的证据调查的结果仍不能使法官形成确信的自由心证的情况下，法官才可以根据当事人一方申请或者法院依职权询问当事人。[③] 当事人询问之所以具有补充性，主要有当事人的陈述的属性、识别和证明力三方面原因。

①-② 参见李浩：《当事人的陈述：比较、借鉴与重构》，载《现代法学》2005 年第 3 期。
③ 参见邵明：《我国民事诉讼当事人的陈述制度之"治"从民事诉讼证据的角度分析》，载《中外法学》2009 年第 2 期。

1. 当事人的陈述的属性

如前所述，当事人的陈述同时具有事实主张和证明这一主张的证据的双重属性，当事人同时具有诉讼主体和证据来源的双重地位，两种属性、两种地位之间存在着显而易见的冲突和矛盾。[①] 为了平衡和解决这种冲突和矛盾，在诉讼过程中应当尽量避免把当事人的陈述作为证据使用。这是因为在民事诉讼过程中，当事人的诉讼主体地位优先于证据来源地位。与此相对的，当事人的陈述作为事实主张的属性也应当优先于作为证据的属性。根据证明理论，当事人对自己提出的事实主张负有证明责任，当事人应当积极提供各种证据以证明自己提出的事实主张。只有在其他证据不能证明或不足以证明自己的事实主张时，当事人的陈述才可以从事实主张变为证明这一主张的证据，当事人作为证据来源的地位才可以凸显。

2. 当事人的陈述的识别

如前所述，当事人的陈述与其他法定的证据形式相比，往往不能从内容和外观上加以明确识别，这无疑大大减弱了在诉讼实践中将当事人的陈述作为认定案件事实的依据的可操作性。当事人的陈述的不易识别性，不仅是立法对当事人的陈述粗疏、含糊的规定造成的，也有当事人的陈述自身特点的原因。[②]

第一，就证据提交或呈示的方式而言，除非刻意区分，否则当

---

① 参见李浩：《当事人的陈述：比较、借鉴与重构》，载《现代法学》2005 年第 3 期。
② 参见王亚新、陈杭平：《论作为证据的当事人的陈述》，载《政法论坛》2006 年第 6 期。

事人就案件事实所作的陈述是不可能从一般辩论的过程中"剥离"出来成为独立的证据的，大多数情况下的当事人的陈述与主张或反驳、意见立场以及情绪性的表达纠缠混合在一起。

第二，法官从当事人的一般辩论中区分识别作为证据的陈述需要一套精心并获得法律支持的特殊程序及操作方法，但是为了保证当事人的充分辩论，这种不可缺少的技术性操作往往不便多加使用。

第三，从认识论或者证据审查的角度来看，法官对案件事实的把握，既依赖于对单一证据的审查，又依赖于对双方当事人全部辩论过程及其反映出来的信息所作的某种综合的、整体的认识判断，如果刻意区分作为独立证据种类的当事人的陈述，有的时候甚至会妨碍法官对案情的综合性认识判断。

（二）当事人的陈述的证明力

鉴于当事人的陈述在证明力上区别于其他证据种类的特点，我国对于当事人的陈述的认定作出了特别的规定。

第一，要结合其他证据确认当事人的陈述的真实性，仅有当事人的陈述不能认定案件事实。

《民事诉讼法》第 78 条规定："人民法院对当事人的陈述，应当结合本案的其他证据，审查确定能否作为认定事实的根据。当事人拒绝陈述的，不影响人民法院根据证据认定案件事实。"

第二，法院在询问当事人时，可以要求当事人签署保证书。

《民诉解释》第 110 条规定，人民法院认为有必要的，可以要求当事人本人到庭，就案件有关事实接受询问。在询问当事人之前，可以要求其签署保证书。保证书应当载明据实陈述、如有虚假陈述愿意接受处罚等内容。当事人应当在保证书上签名或者捺印。负有举证证明责任的当事人拒绝到庭、拒绝接受询问或者拒绝签署保证书，待证事实又欠缺其他证据证明的，人民法院对其主张的事实不予认定。

六、当事人本人到庭令

我国《民事诉讼法》第112条规定："人民法院对必须到庭的被告，经两次传票传唤，无正当理由拒不到庭的，可以拘传。"《最高人民法院关于适用〈中华人民共和国民事诉讼法〉若干问题的意见》（已失效）第112条进一步规定："民事诉讼法第一百条规定的必须到庭的被告，是指负有赡养、抚育、扶养义务和不到庭就无法查清案情的被告。给国家、集体或他人造成损害的未成年人的法定代理人，如其必须到庭，经两次传票传唤无正当理由拒不到庭的，也可以适用拘传。"

第二节 物证

一、物证的概念

物证的概念有广义和狭义之分。广义的物证就是所谓的"实物证据"。实物证据是指那些以物品、痕迹、书面文件、录音、录像等为物质载体的证据形式。[1]广义的物证不是我国《民事诉讼法》明确规定的独立的证据，作为法定证据种类的物证仅指狭义上的物证。

对于狭义的物证，通说认为是能够证明案件事实的物品和痕迹。但是这种定义并不周延。作为概念，必须同时满足表达该事物的本质属性和包含该事物的全部外延这两个条件，但是"物品和痕迹"作为概念既没有指出物证作为独立证据种类的证据属性，又无法囊括物证的各种表现形式。司法实践中能够作为物证的除痕迹、物品外，还有动物、植物、人体等，这些都不是痕迹，归之于物品也过于牵强。[2]而且伴随着科技的高度发展，不能被包括在"物品和痕迹"中的物证越来越多，大量的微量物质和无形体物质都可能成为物证。[3]

---

[1] 参见陈瑞华：《实物证据的鉴真问题》，载《法学研究》2011年第5期。

[2] 参见陈维卫：《试论物证的概念和特征》，载《法学与实践》1986年第1期。转引自刘万奇：《物证新论》，载《法学研究》1993年第2期。

[3] 参见裴苍龄：《论物证》，载《法律科学》1994年第2期。

还有学者将物证定义为与案件或待证事实有联系的物。[1]这种定义方法也不够准确，与案件或待证事实有关的物或者说客观实在物，不仅包括物证，书证、视听资料的载体也都是客观实在物。这种定义更接近于广义的物证。

比较合理的定义方式是从物证的证明功能角度来定义物证。物证是以物品的自身属性、外部特征和存在状况等证明案件事实的证据资料。[2]物证的证明功能就是通过其自身属性、外部特征和存在状况实现的：自身属性，也称内在属性特征，是指物证的物理属性、化学成分、内部结构、质量功能等特征；外部特征，也称外部形态特征，是指物证的大小形状、颜色、光泽、图纹等特征；存在状况，也称空间方位特征，是指物证所处的位置环境、状态、与其他物体的相互关系等特征。[3]这种定义方式的合理性在于"以其自身属性、外部特征和存在状况证明案件事实"概括了物证区别于其他法定证据种类的特殊本质，而且突破了"物品和痕迹"的限制，符合我国证据方法的立法精神，也适应未来形势发展的需要。[4]

---

[1] 参见陈维卫：《试论物证的概念和特征》，载《法学与实践》1986年第1期，转引自刘万奇：《物证新论》，载《法学研究》1993年第2期；裴苍龄：《论物证》，载《法律科学》1994年第2期。

[2] 最高人民法院民事诉讼法修改研究小组编著：《〈中华人民共和国民事诉讼法〉修改条文理解与适用》，人民法院出版社2012年版，第128页。

[3] 参见何家弘：《物证也说谎》，载何家弘主编：《证据学论坛》第5卷，中国检察出版社2002年版，第4页。

[4] 参见刘万奇：《物证新论》，载《法学研究》1993年第2期。

物证是司法活动中的一种常见的证据，人类在司法活动中运用物证已有悠久的历史。在民事诉讼中，宋代就出现了运用物证的史料记载，实物证据是宋代官府判断是非曲直进而解决民事纠纷的重要依据。[1]但相比较而言，在刑事诉讼中，物证具有更重要的意义。在民事诉讼活动中民事行为大都有文字记载，因此，书证相比于物证具有更为重要的意义。

二、物证的特征

物证的特征与物证的概念一样，都是有关物证的研究中的基础问题。对于物证的特征，有的学者概括为客观性、不可替代性、关联性、间接性和依赖性，[2]有的学者概括为客观性、特定性和间接性，[3]还有的学者概括为绝对的真实性、相对的稳定性和整体的被动性。[4]笔者认为，物证的特征主要有以下几点。

1. 相对的独立性和稳定性

客观性是大部分学者公认的物证的特征。物证是客观存在的物体和痕迹，是以物质的存在形式证明案件事实的，与其他证据相比

---

[1] 参见张嘉军：《历史流变中的民事诉讼证据种类》，载《现代法学》2005年第2期。
[2] 参见何家弘：《物证也说谎》，载何家弘主编：《证据学论坛》第5卷，中国检察出版社2002年版，第4-5页。
[3] 参见刘万奇：《物证新论》，载《法学研究》1993年第2期。
[4] 参见裴苍龄：《论物证》，载《法律科学》1994年第2期。

用证据说话：民事证据的原理与运用

较，特别是与各种人证相比较，具有较强的客观性。^①但是笔者认为，客观性这一说法容易与证据属性中的客观性混淆，而且物证的客观性是从物证与其他证据相比较的角度来概括物证的特征的。物证比较不易受到其他因素的影响，不易被篡改和毁灭，因此，将物证的这些特征概括为相对的独立性和稳定性更为合理。

2.不可替代性

物证的证明价值一般都通过特定的物体和痕迹来实现，因此物证通常都具有不可替代性。^②

3.双重关联性

关联性是证据的基本属性之一，但是物证的关联性比较特殊，应当是一种双重关联性。这种双重关联性是指作为物证之物，一方面必须和案件中任一人、事、物、时、空存在联系，另一方面又必须和受审查的人、事、物、时、空存在联系。^③

4.证明上的依赖性

证明上的依赖性，也可以称证明上的被动性，因为物证是无法自明其意的。物证证明价值的实现往往要借助一定的科学技术手段。一方面，许多物证的发现和提取都需要专门的科学技术手段；另一方面，很多物证中储存的与案件事实有关的信息也需要一定的科学

---

① 参见何家弘：《物证也说谎》，载何家弘主编：《证据学论坛》第5卷，中国检察出版社2002年版，第4-5页。
② 参见何家弘：《物证也说谎》，载何家弘主编：《证据学论坛》第5卷，中国检察出版社2002年版，第4-5页。
③ 参见徐立根：《论物证的双联性》，载《法学家》1997年第2期。

技术检验来解读。①因此，物证在司法活动中的应用和推广总是伴随着一定科学技术的产生和发展的。②而且，对物证的收集和解读往往会成为一种独立的证据种类，比如勘验笔录和鉴定意见。

5.证明上的间接性

物证必须与其他证明手段相结合才能完成对待证事实的证明，单独的物证无法直接证明案件事实。③

三、物证与书证的区别

物证与书证都是诉讼中的重要证据类型，两者同属于实物证据。这是因为书证在形式上也必须依赖一定的物质载体而存在。在外在形式上，物证和书证具有一定的相似性，但是物证与书证还是存在着重要的区别。

第一，两者虽然都依托一定的物质载体而存在，但是物证是通过其物质载体的自身属性、外部特征和存在状况实现其证明作用的，而书证是通过其物质载体上的文字、符号或图案所表达出的思想内容来证明案件事实的。这是书证和物证最本质的区别。

---

① 参见何家弘：《物证也说谎》，载何家弘主编：《证据学论坛》第5卷，中国检察出版社2002年版，第4-5页。
② 参见何家弘：《神证·人证·物证——试论司法证明方法的进化》，载《中国刑事法杂志》1999年第4期。
③ 参见何家弘：《物证也说谎》，载何家弘主编：《证据学论坛》第5卷，中国检察出版社2002年版，第4-5页。

第二，在独立性和稳定性上，物证强于书证。这是因为书证通过思想内容来实现其证明作用，所以书证的内容带有主观性，易受到其他因素的影响，易被篡改和毁灭。

第三，在依赖性上，物证同样强于书证。与物证无法自明其意不同，书证所表达的思想内容一般较为明确，能够直接被人理解和感知，无须像物证一样通过中间环节，如借助一定的科学技术手段才能分析和解读。

第四，与物证在证明上具有间接性不同，书证往往能够直接证明案件事实。

四、物证的审查判断

对物证的审查判断的过程就是判断物证是否具有真实性、关联性和合法性的过程。

物证作为实物证据，审查判断的重点是物证的真实性，即对物证鉴真。这是因为实物证据的收集提取与法庭审理会有一段时间距离，这段距离可能会使实物证据的真实性发生变化，可能会引起对实物证据的同一性的合理怀疑。[①]对物证鉴真强调对其真实来源以及整个保管链条的证明，具体包括以下两个部分：第一，审查物证的真实来源可以通过审查被收集提取的物证是否为原物，物证的照片、

[①] 参见陈瑞华：《实物证据的鉴真问题》，载《法学研究》2011年第5期。

录像或复制品的制作过程，以及原物存放于何处等方式来加以检验；第二，全面审查物证的收集提取过程，也就是审查物证在收集、保管、鉴定等各个环节是否被破坏或者改变。①

第一个部分，在当事人提交物证的情况下，《民事诉讼法》第73条第1款规定，物证应当提交原物，提交原物确有困难的，可以提交复制品、照片。在法院调查、收集的情况下，《民事证据规定》第22条规定，人民法院调查收集的物证应当是原物，被调查人提供原物确有困难的，可以提供复制品或者影像资料，提供复制品或者影像资料的，应当在调查笔录中说明取证情况。在对物证的质证过程中，《民事证据规定》第49条规定了除出示原物确有困难并经人民法院准许出示复制品，或者原物已不存在但有证据证明复制品与原物一致的情况外，当事人应当出示证据的原物。

第二个部分，主要通过对各种笔录类证据的出示、宣读和质证来完成，②例如通过勘验收集物证时的勘验笔录，法院调查收集物证时的调查笔录。《民事诉讼法》第141条规定法庭调查时应当宣读勘验笔录。《民事证据规定》第62条第3款规定，人民法院依照职权调查收集的证据，审判人员对调查收集证据的情况进行说明后，听取当事人意见。但是需要注意的是，这类笔录证据虽然是对物证的收集，但是其形成过程更符合言词证据的特点，对笔录证据的审查应当适用言词证据的规则，勘验人、调查人应当出庭接受双方当事

①-② 参见陈瑞华：《实物证据的鉴真问题》，载《法学研究》2011年第5期。

人、法官的询问。我国的法律、司法解释并没有对勘验人、调查人的出庭义务作出强制规定，只是规定了经允许当事人可以向勘验人提问，法院调查收集证据的，法庭调查时可以就调查收集该证据的情况予以说明。

物证的关联性前文已述，是一种双重关联性。物证必须同时关联已知的案件事实和嫌疑客体才满足关联性的要求，忽略任何一个方面都会导致证据链出现断裂，就有可能导致证明结果错误。[①]对于物证的关联性的审查判断也可以通过对物证鉴真来完成。尽管对物证鉴真的本意在于鉴别实物证据的真实性，但是对物证鉴真要同时对两个方面的同一性作出认定：一是法庭上出现的物证与举证方所声称的物证的同一性鉴别，二是法庭上提交的物证所包含的证据信息与发生过的事实信息的同一性判断，因此对物证鉴真也从一种特殊的角度保证了物证的相关性。[②]

物证的合法性是指物证运用的合法性，包括物证的形成主体合法、物证的形式合法、物证的取得方法合法和物证的证明程序合法。对物证来说，最重要的就是物证的取得方法要合法。可以说，物证的合法性实质上就是物证收集的合法性。[③]我国民事诉讼法对于非法证据排除并没有过多的规定，仅在《民诉解释》第106条中规定，

---

① 参见何家弘：《物证也说谎》，载何家弘主编：《证据学论坛》第5卷，中国检察出版社2002年版，第5页。
② 参见陈瑞华：《实物证据的鉴真问题》，载《法学研究》2011年第5期。
③ 参见李学军：《物证收集的合法性问题》，载《国家检察官学院学报》2006年第6期。

对以严重侵害他人合法权益、违反法律禁止性规定或者严重违背公序良俗的方法形成或者获取的证据，不得作为认定案件事实的根据。经法院审查确认的物证一般具有较强的证明力。

第三节　勘验笔录

一、勘验笔录的概念与特征

勘验笔录是诉讼中法院为查明案件事实的需要，对与案件事实有关的物证和现场进行勘验检验所做的记录。[1]勘验笔录不仅包括文字材料，还包括绘图、照相、模型、录像等形式的材料。[2]在诉讼中，勘验笔录具有重要的价值，它既是收集、固定、保全证据的重要手段，又是一种重要证据，同时也可用来验证其他证据的真伪。[3]

勘验笔录主要有以下几方面特征。

---

[1] 参见最高人民法院民事诉讼法修改研究小组编著：《〈中华人民共和国民事诉讼法〉修改条文理解与适用》，人民法院出版社 2012 年版，第 135 页。

[2] 参见蒋丽华：《论勘验、检查笔录》，载何家弘主编：《证据学论坛》第 6 卷，中国检察出版社 2003 年版，第 365 页。

[3] 参见高兆伦：《独特的证据属性重要的证据文书——论勘验、检查笔录》，载《中国刑警学院学报》2000 年第 4 期。

第一，勘验笔录的制作具有法定性。勘验笔录是《民事诉讼法》明确规定的一种证据种类，勘验笔录的制作必须符合法律的规定。

第二，勘验笔录的主体和客体具有特定性。勘验笔录的制作必须由法定的主体依照法定程序进行勘验并制作笔录，民事勘验笔录的制作主体是人民法院的工作人员。勘验笔录的客体一般限于与案件事实有关的现场和不便拿到法院的物证。

第三，勘验笔录的内容具有较强的客观性。勘验笔录是对勘验的客观情况的记载，不包括询问当事人的记录以及司法人员的个人意见，它既记载了勘验的过程，又记载了勘验的结果，能反映各种痕迹、物品存在或形成的环境及相互关系，是具有综合证明作用的一种证据。[1]

第四，勘验笔录对案件事实的证明具有间接性。勘验笔录是对勘验情况的客观、如实记载，并不能单独证明案件的主要事实，必须联系其他证据，通过合理推论，才能证明案件中的主要事实。[2]

---

[1] 参见张月满：《运用勘验笔录和现场笔录应注意的问题》，载《政法论丛》1994 年第 2 期。

[2] 参见陈刚：《关于刑事勘验、检查笔录的法律属性研究》，载《辽宁警专学报》2007 年第 3 期。

二、勘验笔录的独立性

对于勘验笔录的研究中，争议最大的就是勘验笔录是否应该作为一种独立的证据种类。有学者从证据的派生性角度出发，认为勘验笔录是由物证派生的，只是对物证的反映，不能作为独立的证据种类。[①]产生这一主张的原因在于：[②]第一，勘验笔录作为独立的证据种类模糊了勘验、勘验人的性质。因为勘验笔录是勘验人通过勘验活动制作出来的，所以如果勘验笔录是一种独立的证据种类就意味着勘验人是制造证据的人，勘验活动成了制造证据的活动，这与勘验活动是调查证据的活动和勘验人是调查证据的人员的性质相矛盾。第二，勘验笔录作为独立的证据类型抹杀了勘验对于客体的依赖。勘验是对物证的调查，勘验笔录是物证的反映，因此勘验笔录不能同物证并列成为独立的证据类型。勘验笔录只是反映了物证，并不是证据本身。

还有的学者从直接言词原则的角度出发，认为勘验笔录不能作为独立的证据类型。我国现行《民事诉讼法》将对物的证据的调查区分为物证与勘验两种不同的证据方法予以规范，这不但不具有立法技术上的意义反而徒增繁杂，易滋弊病。应当将勘验作为真正的独立证据调查方式，将勘验对象扩大适用于所有的物证（不再限于

---

① 参见裴苍龄：《论证据资料》，载《中外法学》1997 年第 6 期。
② 参见裴苍龄：《论证据的种类》，载《法学研究》2003 年第 5 期；裴苍龄：《论证据资料》，载《中外法学》1997 年第 6 期。

不便提交到法院的物证），勘验笔录仅为勘验结果的固定与保存方式。① 产生这一主张的主要原因在于：②第一，勘验和物证在本质上属于同一证据。在我国，勘验的对象是不便提交法院的物证或现场，能够提交法院的物证是作为独立证据种类予以规范的物证。但在大陆法系适用地，勘验的对象是除以文义或思想作为内容的证据方法外，一切可由法官基于五官作用感知的以人或物的形式存在的证据方法。因此，在许多适用大陆法系的国家和地区，物证和勘验实际上是同一证据的“一体两面”，勘验是在证据调查方式这一层面上使用的术语，物证则是在证据调查对象这一层面上使用的术语，是指勘验标的物本身。第二，勘验是指勘验人依自己之五官作用感知事物之物理上的性质或状态并在此基础上进行事实判断的一种认知活动。作为直接感知证据方法的一种证据调查方式，勘验应当由庭审法院直接（或经由勘验辅助人之协助）实施，否则违反证据调查中的直接原则。在大陆法系民事诉讼中，勘验作为证据调查方式由法官亲自实施，仅在不能或不便接近勘验标的物时才使用勘验辅助人具体实施勘验活动并听取勘验辅助人关于事实判断的报告。但在我国民事诉讼中，勘验的主体是作为法院工作人员的勘验人，由没有参与该需要勘验的案件审理的审判人员担任。我国如此安排的结果是庭审法官不能直接形成关于勘验标的物的认识和对事实的判断，

①－② 参见占善刚：《证据法定与法定证据——兼对我国〈民诉法〉第63条之检讨》，载《法律科学》2010年第1期。

而仅能经由阅览勘验人制作的勘验笔录进行证据调查，影响了自由心证的形成。

对于否定勘验笔录作为独立证据种类的观点，有学者提出了反对的观点：[①]第一，勘验笔录作为证明材料符合"证据"这一概念的内在规定性，因此有资格称为证据。在诉讼中，证据是证明案件事实的根据，勘验笔录能够作为证明案件事实的材料，只要勘验笔录符合逻辑与经验的法则及科学的标准，而且是依法取得的并具有合法形式，就应当有资格作为证据；第二，根据证据种类划分的逻辑标准，勘验笔录能够合乎逻辑地界定为证据，勘验笔录既能够成为证据资料意义上的证据，也能够成为证据方法意义上的证据；第三，勘验笔录有独立的证明价值，因此具备作为独立诉讼证据的内在根据。勘验笔录在证明意义上具有双重性，既能够作为发掘物证、书证信息并具有固定证据作用的派生性证据，又能在诉讼证明中发挥独立的证明价值，从而呈现出作为证据形式的独立性。

此外，勘验笔录也与物证存在诸多区别。第一，从客观性的角度来看，物证的客观性更强，物证是用来证明案件情况的客观实在物，而勘验笔录虽然是对勘验情况的客观记载，但是这种客观记载是通过勘验人的五官知觉作出的，仍然夹杂着勘验人的主观因素。第二，从形成时间的角度来看，物证是在纠纷发生和发展过程中形成的，而勘验笔录是在纠纷解决的诉讼过程中形成的。第三，从证

① 参见龙宗智：《证据分类制度及其改革》，载《法学研究》2005 年第 5 期。

据规则的适用角度来看，物证属于实物证据，应当适用实物证据的证据规则。勘验笔录虽然在证据学的通说上属于广义的实物证据，但是勘验笔录的制作更符合言词证据的特征。[①] 从形成机理上看，勘验笔录的制作过程与证人证言等言词证据的形成过程一样，同样会存在错误的可能，并不具备绝对的客观性。[②] 这就需要勘验人员在法庭审判过程中出庭作证，并接受双方当事人的询问，[③] 从这个意义上讲，勘验笔录应当属于言词证据，并且适用言词证据的证据规则。

三、勘验笔录与其他法定证据种类的区分

1. 勘验笔录与书证

勘验笔录是以文字、图表、图像、模型等形式来描述物证或现场的客观情况，进而证明案件事实的，这与以文字、符号、图形等形式所记载的内容或表达的思想来证明案件事实的书证具有一定的相似性。但是，勘验笔录和书证在本质上存在着诸多区别。第一，形成时间不同。勘验笔录一般形成于诉讼进行中，由当事人申请或者法院依职权决定进行勘验，并制作勘验笔录；书证一般形成于纠纷发生前或纠纷发生过程中，即当事人进行诉讼之前。第二，制作

---

① 参见蒋丽华：《论勘验、检查笔录》，载何家弘主编：《证据学论坛》第 6 卷，中国检察出版社 2003 年版，第 367-368 页。
② 参见袁志：《勘验、检查笔录研究》，西南财经大学出版社 2007 年版，第 41 页。
③ 参见宋维彬：《论刑事诉讼中勘验、检查笔录的证据能力》，载《现代法学》2016 年第 2 期。

主体不同。勘验笔录必须由作为法院工作人员的勘验人依法定程序制作；书证虽然也包括由国家公务人员在职权范围内制作的公文书，但是一般是由公民、法人或其他组织制作的私文书。第三，制作的形式要求不同。勘验笔录的制作必须按照法律规定的形式和程序制作；书证虽然也有必须按照法律规定的形式和程序制作的特别文书，但一般是在制作形式和程序方面没有特殊要求的普通文书。第四，表达内容的客观性不同。勘验笔录表达的内容是对勘验标的物的客观描述，不能掺杂制作人的主观意志；书证表达的内容一般是制作人的主观意愿。

2. 勘验笔录与鉴定意见的区别

从对客体的依赖性的角度来讲，勘验笔录和鉴定意见具有一定的相似性，两者都依赖于勘验、鉴定的标的物，是对勘验、鉴定的标的物的反映，两者都是既能够作为发掘证据信息并具有固定证据作用的派生性证据，又能够作为在诉讼证明中发挥独立的证明价值的证据。两者有着诸多区别。第一，制作主体不同。勘验笔录必须由作为法院工作人员的勘验人制作；鉴定意见由当事人共同选择或者法院指定的具有专门知识的鉴定人出具。第二，针对客体不同。勘验笔录针对的客体是不便提交法院的物证或现场；鉴定意见针对的是案件涉及的专门性问题，其客体并不限于物证。第三，制作方法不同。勘验笔录是勘验人凭五官知觉作用，对感知到的标的物的客观情况进行记载，是对标的物的一种感性反映；鉴定意见是借助专业知识或技术手段，对案件涉及的专门性问题作出的判断，是对标的物的一种理性反映。第四，表现形式不同。勘验笔录既可以表现为书面文字形式，也可以表现为图表、模型、图像等形式；鉴定意见只能表现为书面文字形式。

四、勘验笔录的制作与审查

1. 勘验的启动主体

勘验是查明争议事实的有效途径，审理案件的法官最清楚是否需要勘验，也只有法官才能决定是否有必要进行勘验，因此，虽然当事人也可以申请法院进行勘验，但法官在认为有必要勘验时，即使没有当事人的申请，也可以依职权作出勘验决定，这可以说是适用大陆法系的国家和地区的民事诉讼的通行做法。[①]《民诉解释》第124 条第 1 款规定，人民法院认为有必要的，可以根据当事人的申请或者依职权对物证或者现场进行勘验。

2. 勘验过程的要求

人民法院依申请或依职权勘验物证或者现场的，勘验人必须出示人民法院的证件，并邀请当地基层组织或者当事人所在单位派人参加。当事人或者当事人的成年家属应当到场，拒不到场的，不影响勘验的进行。有关单位和个人根据人民法院的通知，有义务保护现场，协助勘验工作。人民法院可以要求鉴定人参与勘验，必要时，

[①] 参见李浩：《回归民事诉讼法——法院依职权调查取证的再改革》，载《法学家》2011 年第 3 期。

可以要求鉴定人在勘验中进行鉴定。勘验时应当保护他人的隐私和尊严。

3.勘验笔录的制作

勘验人应当将勘验情况和结果制作笔录，由勘验人、当事人和被邀参加人签名或者盖章。《民事证据规定》第43条第3款规定，人民法院勘验物证或者现场，应当制作笔录，记录勘验的时间、地点、勘验人、在场人、勘验的经过、结果，由勘验人、在场人签名或者盖章。对于绘制的现场图应当注明绘制的时间、方位、测绘人姓名、身份等内容。

4.勘验笔录的审查

对勘验笔录的审查判断一般从以下几方面入手：[①]第一，审查勘验笔录的制作是否符合法律要求，包括勘验人是否有权进行勘验，进行勘验时是否邀请了有关单位和人员到场，被邀请参加人员、见证人、当事人等是否在笔录上签名或者盖章；第二，审查现场情况是否被伪造和破坏；第三，审查勘验笔录的内容是否全面、准确。

在司法实践中，对于勘验笔录的审查，一般都是通过笔录的出示、宣读和质证来完成。《民事诉讼法》第141条规定，法庭调查时应当宣读勘验笔录。但是如前所述，勘验笔录的形成具有言词证据的特征，因此勘验人应当出庭接受当事人的询问。但是我国并没有

---

① 参见张月满：《运用勘验笔录和现场笔录应注意的问题》，载《政法论丛》1994年第2期。

规定勘验人的出庭义务，《民事诉讼法》只是规定了当事人经法庭许可，可以向勘验人发问，当事人在必要时，可以要求重新进行勘验。依照法定程序进行调查后，法院对于确认了其证据资格的勘验笔录，可以作为认定案件事实的依据。

案例评析
||||||||||||||||||||

原告陈某东诉被告陈某民间借贷纠纷案

（原告陈某东持借条起诉被告，要求返还借贷，陈某抗辩未借款，并报警及要求对双方陈述进行测谎）

2009 年 6 月至 7 月，陈某东与陈某系恋爱关系。2009 年 7 月 16 日，陈某向陈某东出具借条一张。借条载明：本人借陈某东现金人民币 100 万元整，还款日期为 2009 年 7 月。2009 年 9 月 18 日，双方因款项事宜产生冲突，陈某报警后，常州市公安局天宁分局某派出所为此出警。因双方借款纠纷一直未能解决，故陈某东诉至法院，请求陈某归还借款及利息。

本案属于民间借贷纠纷，原告为证明借贷关系存在提供了借条，并就借款细节作出相应的陈述。被告陈某否认借款事实存在，但没有其他证据反驳，故向法院递交鉴定申请，请求对是否存在借款事实进行测谎鉴定。由于原告陈某东拒绝到场一并参与，致该次鉴定中止。经原告陈某再次申请，2012 年 3 月 26 日，法院再次将本案送南京东南司法鉴定中心对被告陈某单方进行多道心理生理测试，该中心于 2012 年 4 月 10 日向本院出具东南司法鉴定中心［2012］心测字第 5 号报告书，测试结果为：被测人陈某在陈述"我没有收到陈某东借款 100 万元现金"时，无明显说谎显示。

法院经审理后认为，对本案借款的真实性应综合全案证据和事实进行分析判断，原告目前提供的证据不能证明借款事实的存在。第一，被告的提款方式有疑问。原告陈述借款当日是被告独自把现金提走，从原告的公司走出去坐车，100 万元（100 元／张）扎好后装在大小类似于培罗蒙西服的纸袋子里。从提款的安全性和 100 万元现金的体积上看缺乏合理性和可操作性。第二，原告的借款能力不足。原告经法庭要求提供的银行卡、房产证、证券资料等证据证明其资产持有情况，但在各明细账单中没有发现数额在 30 万元以上的往来或存款，数额在 10 万、20 万的存取款或往来数量亦较少，亦无短期内连续小额取款累积达至的情况，该证据无法证明原告具备一次性借出 100 万元的能力。第三，原告屡屡不配合事实调查。原告庭审中屡屡情绪激动、故意答非所问、动辄指责审判人员，庭后经反复要求才肯配合法院提交可证明其借款能力的证据。第四，在测谎阶段，原告以各种理由拒绝，动辄逼问法院为何还不结案，拒绝就针对测谎的意见出具书面说明理由；同时，经对被告单方进行测谎，结果显示被告陈某无明显说谎显示。第五，从原告日常经营的业务分析，原告本人开列有多个股票、期货账户，在此情况下仍长期将 100 万元现金存放于保险柜内，既违背企业财务规定，又极不符合办企业、做投资的常情，且大额对外借款不以转账方式而以现金方式进行，作为一个商人，其做法缺乏可信度。

· 分析与思考 ·

　　在民间借贷案件中，常常出现出借人仅提供借据佐证借贷关系的情形。此时询问当事人、分析当事人的陈述对于案件事实的发现和还原尤为重要。因此，法院应当深入调查辅助性事实以判断借贷合意的真实性，如举债的必要性、款项用途的合理性等。出借人无法提供证据证明借款交付事实的，应综合考虑出借人的经济状况、资金来源、交付方式、在场见证人等因素判断当事人的陈述的可信度。对于大额借款仅有借据而无任何交付凭证、当事人的陈述存在重大疑点或矛盾之处的，法院可依据证据规则认定出借人未完成举证证明要求，判决驳回其诉讼请求。本案也正是通过对原告的经济能力、借贷金额、现金交付的方式和原、被告关系以及庭审中当事人的陈述的细节等进行分析，才最终得以形成对案件事实确认。

第八章

自认制度及其运用

chapter 8

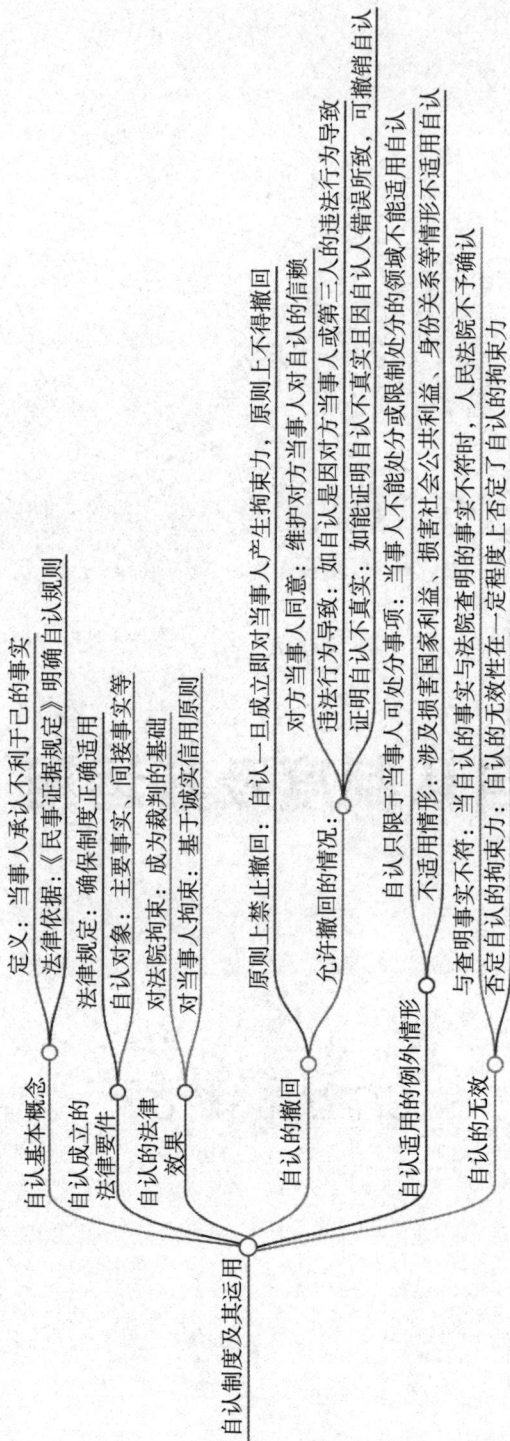

➊ 要点速览

自认制度及其运用
- 自认基本概念
  - 定义：当事人承认不利于己的事实
  - 法律依据：《民事证据规定》明确自认规则
- 自认成立的法律要件
  - 法律规定：确保制度正确适用
  - 自认对象：主要事实、间接事实等
- 自认的法律效果
  - 对法院拘束：成为裁判的基础
  - 对当事人拘束：基于诚实信用原则
- 自认的撤回
  - 原则上禁止撤回：自认一旦成立即对当事人产生拘束力，原则上不得撤回
  - 允许撤回的情况
    - 对方当事人同意：维护对方当事人对自认的信赖
    - 违法行为导致：如自认是因当事人或第三人的违法行为导致
    - 证明自认不真实：如能证明自认不真实且因自认人错误所致，可撤销自认
- 自认适用的例外情形
  - 自认只限于当事人可处分事项：当事人不能处分或处分的领域在分的领域不能适用自认
  - 不适用情形：涉及损害国家利益、损害社会公共利益，身份关系等情形不适用自认
- 自认的无效
  - 与查明事实不符：当事人自认的事实与法院查明的事实不符时，人民法院不予确认
  - 否定自认的拘束力：自认的无效性在一定程度上否定了自认用自认的拘束力

自认在我国民事证据法中有明确的规定，人们在民事诉讼实践中也经常会使用自认这一概念。

　　自认的基本功能在于通过当事人对对方主张事实的承认，免除了当事人对主张事实的证明责任（证明责任在对方时，免除了对方的证明责任，证明责任在自己一方，同样也因为自认免了证明责任。其基本原理是对于双方没有争议的事实，不管该事实的证明责任在哪一方，都不需要加以证明），简化了诉讼程序，从而降低了诉讼成本，提高了诉讼效率。

一、什么是自认

　　自认是指当事人在口头辩论或准备程序中所作的、与对方主张一致且于己不利的事实陈述。

　　《民事证据规定》第 3 条第 1 款规定，在诉讼过程中，一方当事人陈述的于己不利的事实，或者对于己不利的事实明确表示承认的，另一方当事人无需举证证明。该条是对当事人诉讼中自认的明确规定。最高人民法院《关于适用〈中华人民共和国民事诉讼法〉若干问题的意见》（已失效）最早规定，在诉讼中，一方当事人自认的事实，对方当事人无需对该自认事实予以举证证明。《民事证据规定》又进一步对自认制度作出具体的规定。

二、自认成立的法律要件

法律要件的设置是为了保证自认制度的正确适用。尽管有许多国家和地区都规定了自认制度，但由于对自认的把握不同，设置的要件也有所差异。

应当注意的是，我国现行关于自认的规则并未区分主要事实与间接事实的自认。在我国的司法实践中，自认的对象不仅包括主要事实，还包括间接事实、辅助事实以及权利。在有些国家和地区，自认仅指对主要事实的自认，不包括间接事实、辅助事实的自认（这是因为法官对间接事实和辅助事实的认定不受当事人意思的限制）以及权利自认。

三、自认的法律效果

当事人的自认不仅对法院有拘束力，对作出自认的当事人也有拘束力。该拘束力表现在一旦当事人作出自认，该当事人便不得再撤回自认。自认在一审有拘束力，在上诉审也同样有拘束力。不能因为在上诉审中声明一审所自认的事实不真实而推翻自认。自认对法院的拘束力源于辩论主义，但对当事人的拘束力则不源于辩论主义。正如笔者在"转换与选择：民事诉讼基本模式研究"一文中谈到的，辩论主义规范的主体对象是法院，而不是当事人。自认对当事人的约束来源于禁止反言原则或诚实信用原则，即当事人在实施一定诉讼行为之后，如没有正当理由不得实施否定或与前一行为相矛盾的诉讼行为，法律有规定的除外。也有的学者认为，尽管辩论主义不会对当事人的自认产生直接的拘束力，但仍然会通过反射，对当事人产生间接的拘束力。自认成立后，由于对法院具有拘束力，法院必须以自认的事实作为裁判的基础，由此，作为其相对人的当事人也就没有必要（或者没有必要尽全力或相当的注意）收集或继续保存与自认事实有关的证据，与此相适应，就要求自认的当事人不得撤回自认，一旦撤回，就会给证据的收集和调查造成困难，给对方当事人造成不利后果。约束当事人的效力也就从辩论主义对法院的直接拘束力转化对当事人的反射效力。

根据自认制度，一方当事人自认对方主张的事实后，便对法院发生拘束力，法院不得对自认的事实判断认定其真假，并将其作为判案的事实依据。由于法院对自认的事实不再实施证据调查，一般而言，其事实的真伪性也往往难以知晓。但有时该自认的事实明显与众所周知的事实矛盾，对该事实的自认是否还对法院具有拘束力呢？对此，日本民事诉讼法学界有两种不同的观点。赞成仍然具有拘束力的学者认为，从信守辩论主义原则的角度看，法院解决纠纷应当在尊重当事人意愿的前提下进行，既然当事人双方对该事实存在与否持一致的认识，不希望法院在此基础上作出裁判，那么，即使该事实与众所周知的事实相抵触，也应当认为自认的事实对法院具有拘束力。

持反对观点的学者认为："当事人一方主张的事实违反众所周知的事实时，即使对方承认，原则上也不发生自认的效果。因为如果以违反众所周知的事实作为裁判的基础，就必然损害裁判的权威性，丧失裁判的普遍信用。"当然，这种观点并没有完全否定违反众所周知事实的自认效力，并指出须考虑众所周知事实的程度，因为即使是众所周知的事实，也不一定是真实的，自认的事实与有争议的众所周知事实冲突时，就不应当否定自认的效力。自认的基本功能在于免除当事人对案件事实的证明，法院也不会在已经存在自认的情况下依职权进行调查。因此，法院不可能在自认的事实与众所周知事实不一致时就启动证据调查程序，调查其真伪。上述两种观点的分歧主要源于对民事诉讼制度的一些基本问题理解和侧重的差异。前一种观点出于对民事诉讼所解决的纠纷具有的私域性的理解，侧重于对当事人的尊重，包括对当事人权利处分自由的尊重；而后一种观点则侧重于司法裁判对真实性的追求。对这一问题认识的差异也从一个方面折射出不同的政治哲学色彩。

四、自认的撤回

当事人的自认从自认成立之时起便对作出自认的当事人发生拘束力，原则上该当事人不能撤回（在议论该问题时，有时也使用撤销这一概念，两者常常互换）自认。当然，不构成自认的有利于己的事实承认和先行自认后对方当事人没有引用或引用前，自认人可以撤回承认或自认不在此限。但禁止撤回也不是绝对的，在以下三种情况下，也允许自认人撤回或撤销自认。

第一，经对方当事人同意，自认人可撤回自认。自认对自认人自身的拘束力在于维护对方当事人对自认的信赖。当自认人作出自认后，对方当事人的证明责任便被免除，对方也就不会基于证明责任的压力而全力收集和注意保存已有的证据资料。允许当事人任意撤回将对对方当事人造成损害，但如果对方当事人同意自认人撤回，就应该解除这种拘束。

第二，在法理上，如果自认人作出自认是因对方当事人或第三人实施了违法行为，且对方当事人或第三人实施的违法行为属于在刑法上应当受到惩罚的行为时，自认人可撤销自认。例如，对方当事人或者第三人对自认人实施暴力犯罪行为。在自认人作出自认后，只要对方当事人或第三人对自认人实施了应受惩罚的行为，不管自认的事实是否真实，自认人都可以撤销自认。

第三，能够证明自认不真实且因自认人错误所致时，可以撤销自认。在此种情形下，允许自认人撤销自认的基本条件实际上包含两层意思：一是自认人在自认后，发现自认的事实不真实，与实际情况不符；二是对不真实事实的自认是由于自认人对自认事实的错误认识，即自认人对自认事实产生的误解。日本最高裁判所的判例认为，不管自认人的错误是否系过失所致，只要认定有错误就允许自认人撤销自认。

对于自认错误是否要求存在过失，人们有不同的认识。有人认为，只是以当事人的错误为要件，而不要求在导致错误发生的主观过错上加以限制是不妥当的。至少在自认人有重大过失时是不应允许自认人撤回自认的。最典型的例子是，按照自认人的预想，如果能证明彼事实的存在，他就可以在诉讼中取胜，因此，承认了对方当事人主张的此事实（也可以说，在这种情况下，当事人的自认带有圈套的意义）。但自认后，却没能证明彼事实的存在。在这种情况下，显然不能允许自认人撤回自认。

另外，误解的对象除了自认人在事实上的误解，还应包括法律认识上的误解，即自认人之所以对对方当事人陈述的事实没有争议，是因为对该事实本身的误解或对该事实法律上的误解。对此，日本的判例中一般都认为不仅自认的事实不真实，而且要求自认的事实是错误所致。但在学术界，则有不同的认识。其中一种观点就认为，只要自认人能够证明自认的事实是不真实的就可以撤销自认，不必要求自认人有错误存在。支持这种观点的论证可以分为两种不同的方法。一种方法是从禁止反言的角度来加以论证的。依照禁止反言的法理，实施一定行为和表示的主体在该行为或表示对他人的权利义务产生影响时，如果不能证明该行为或表示不是真实表示的场合，就不能免除所要承担的相应义务。反过来，如果能证明，他就不会承担其行为或表示所引发的义务或责任。在自认的场合，只要证明自认的事实是不真实的，自然就可以撤销自认，免除自认对自认人的拘束力。

我国《民事证据规定》第 9 条规定，有下列情形之一的，当事人在法庭辩论终结前撤销自认的，人民法院应当准许：（1）经对方当事人同意的；（2）自认是在受胁迫或者重大误解情况下作出的。人民法院准许当事人撤销自认的，应当作出口头或者书面裁定。

五、自认适用的例外情形

自认是当事人的意思自治和处分自由，因此，自认只限于当事人可以处分的事项，当事人不能处分或限制处分的领域就不能适用自认，自认不具有事实认定的效力，其事实认定依然需要相应的证据为根据。

《民事证据规定》第 8 条第 1 款规定以下情形不适用有关自认的规定：（1）涉及可能损害国家利益、社会公共利益的；（2）涉及身份关系的；（3）涉及对污染环境、侵害众多消费者合法权益等损害社会公共利益的行为，法律规定的机关和有关组织可以向人民法院提起诉讼的；（4）当事人有恶意串通损害他人合法权益可能的；（5）涉及依职权追加当事人、中止诉讼、终结诉讼、回避等程序性事项的。

上述情形都被认为是当事人无自由处分的领域，因此不能适用自认制度。

六、自认的无效

2015 年的《民诉解释》一方面肯定了自认的拘束力，另一方面又规定，自认的事实与查明的事实不符的，人民法院不予确认。《民事证据规定》第 8 条第 2 款也规定，自认的事实与已经查明的事实不符的，人民法院不予确认。如此规定，在一定程度上否定了自认的拘束力。因为自认的事实与查明的事实不符的前提是法院对该事实进行了调查，之所以进行调查是因为作出自认的当事人想否定其自认，但又不具有否定自认的条件，例如因强迫、欺诈等导致非自愿承认的事实，因此向法院主张该自认的事实与客观事实不符。在这种情况下，如果对该事实进行调查也就意味着自认对法院没有拘束力，自认也就失去了意义。自认的关键就在于对承认的一方当事人具有拘束力。如果不能超越职权主义的观念，克服"客观实质正义观"，自认制度很难确立，自认的基本功能也有很难发挥作用。如果自认可以因为与事实不同而推翻，将导致的问题是，在一审中，一方已经自认，则另一方就不再需要保留相关证据加以证明，但在上诉或再审中，自认人主张自认的事实与客观事实不符，此时必将对另一方举证证明造成不利，同时也违反诚信原则。不得不说，其中也蕴含着法律真实与客观真实之间的悖论。

| 问题答疑 |

问题：自认人在没有撤回自认的法定事由时，可否在自认之后，主张自认与案件事实不一致而主张自认无效？

答疑：这种通常发生在上诉和再审阶段。根据《民诉解释》第92条第3款的规定，自认的事实与查明的事实不符的，人民法院不予确认。这里涉及的问题是，自认是否具有约束法院的效力。如果具有约束法院的效力，则法院不能主动依职权对该事实进行查证。但如果自认对法院没有拘束力，无论是法院发现，还是自认人主张自认的事实与案件事实不符，并加以证明，按照这一规定，自认都将无效。支持自认对法院没有拘束力主要是基于追求真实的理念。

那么，如果因与事实不符而主张自认无效，尤其是在上诉或再审阶段，就可能导致自认的功能打折。

如果承认自认对自认人有拘束力，即使与案件事实不符，自认人也必须接受，这就要求要有更为严格的条件，例如只有在庭审辩论中的自认才具有拘束力。显然现在的制度似乎还不能满足这一点。

案例评析

山东××铁塔制造有限公司、山东省××服装厂追偿权纠纷
再审审查与审判监督民事裁定书

再审申请人（一审原告，二审上诉人）：山东××铁塔制造有限公司。

被申请人（一审被告）：山东省××服装厂。

被申请人（一审被告、二审被上诉人）：山东省××服装股份有限公司。

被申请人（一审被告、二审被上诉人）：山东省莒县××街道办事处。

再审申请人山东××铁塔制造有限公司与被申请人山东省××服装厂、山东省××服装股份有限公司、山东省莒县××街道办事处（以下简称××街道办）追偿权纠纷一案，不服山东省高级人民法院（2016）鲁民终1574号民事判决，向本院申请再审。

建×公司依据《中华人民共和国民事诉讼法》（以下简称民诉法）第二百条第一项、第二项、第五项、第六项之规定申请再审称：

一、有新的证据足以推翻原判决。根据二审后发现的山东省莒县人民法院审理的（2014）莒民初字第3617号山东省××服装股份有限公司与宋某举劳动争议案民事判决书和（2015）莒民初字第1294号山东省××服装股份有限公司与张某梅劳动争议案民事判决书，山东省××服装股份有限公司在山东省××服装厂原址成立，山东省××服装厂的职员在山东省××服装股份有限公司工商注册登记后均到山东省××服装股份有限公司工作，两公司在同一办公场所，经营范围一致，在山东省××服装股份有限公司成立后，山东省××服装厂就不再有员工，也没有生产经营，两公司符合法律规定的关联公司混同情形。两判决书虽在原审庭审前已经存在，但因客观原因于庭审结束后才发现的，符合民诉法司法解释第388条的规定，属于新证据。

二、原判决认定的基本事实缺乏证据证明。1. 涉案贷款的实际使用人系山东省××服装股份有限公司，一审中××街道办已明确认可该事实，应当属于自认。二审法院在没有其他证据反驳的情况下，将该事实予以否认，没有依据。2. 二审判决认为"指山东省××服装厂和山东省××服装股份有限公司的经营范围存在重合，但不完全相同，并不能得出二者业务混同的认定"，不符合最高人民法院公布的第15号指导案例的裁判主旨，也不客观。两公司的业务重合或者一个公司的经营范围被另一个公司经营范围覆盖或包含，就可以认定二者业务混同，而不是完全一致才可认定为业务混同。3. ××街道办出资不实，应当承担出资不实的法律责任，原审判决认定其不承担责任错误。在2006年4月27日山东省××服装厂法定代表人变更的工商档案中，莒县××镇企业办公室在全体投资人签字、盖章栏盖章确认，莒县××镇人民政府盖章、镇长卢某安签字，××镇还专门下发莒城政发〔2006〕9号文件确认，证明××街道办是山东省××服装厂的出资人。山东省××服装厂的注册资金在1992年达到2600万元，但在工商档案法定代表人变更登记中没有出资形式和出资方式证明，且出资数额之间多处矛盾。原审法院将出资不到位的举证责任错误分配给山东××铁塔制造有限，该情形不属于举证责任倒置，应当由××街道办承担。

三、山东××铁塔制造有限公司二审开庭前提交书面调取证据申请书，要求法院对涉案贷款时山东省××服装厂是否停产、山东省××服装厂和山东省××服装股份有限公司银行开户情况以及山东省××服装厂社保账户进行调查，二审法院未进行调查收集，造成本案基本事实没有查清。

四、原判决适用法律确有错误。1.两审法院未严格参照最高人民法院第15号案例认定山东省××服装厂和山东省××服装股份有限公司混同，适用法律错误。2.两审法院未认定山东省××服装厂和山东省××服装股份有限公司承担连带责任，违反《中华人民共和国民法通则》及《中华人民共和国合同法》的诚信原则和公平原则。涉案担保贷款的实际使用人是山东省××服装股份有限公司，山东省××服装厂只是名义借款人，贷款时已不再经营。3.两审法院未认定××街道办出资不实，适用法律错误。根据法不溯及既往的原则，本案不能适用《关于城镇街道办事处是否应当独立承担民事责任的批复》，因为《城市街道办事处组织条例》于2009年6月27日废止，××街道办2011年成立，本案应当根据涉事时的法律处理，应适用《国务院关于在清理整顿公司中被撤并公司债权债务清理问题的通知》（国发〔1990〕68号）第四条以及《最高人民法院经济审判庭关于区公所开办的企业倒闭后能否由县政府承担连带责任问题的复函》（89法经函字第24号）的规定，参照《中华人民共和国公司法》第二十八条第一款、第三十一条的相关规定，××街道办应当在其出资不实范围内对山东省××服装厂所欠本案债务承担补充清偿责任。

在本案事实问题的争议中，涉及对案涉是否贷款事实的认定问题。当事人的再审申请中认为原审对贷款的认定不符合事实。经审理，最高人民法院认为二审判决对案涉贷款的认定是妥当的。最高人民法院的这一认定就是自认。认为山东××铁塔制造有限公司主张××街道办一审中"贷款虽然是以山东省××服装厂的名义所贷，但实际由山东省××服装股份有限公司经营使用"的答辩意见属于自认。

· 分析与思考 ·

在上诉和再审案件中常常会涉及当事人在一审中对案件事实的自认，在进入二审或再审之后予以否定的问题。如果作出自认的当事人对其自认的事实予以否认，认为该事实与案件事实不符时，法院是否应当对该事实进行调查，并以其调查的结果作为裁判的根据？

从最高人民法院驳回本案再审申请的裁定来看，法院认可了当事人自认的事实，也就是说该自认对当事人有拘束力，如果没有可以撤销的情形，当事人不能违反自认。但问题是，当事人认为虽然自己作出了自认，但事后主张该自认并不符合事实，此时，当事人如果能够提出推翻自认的证据，该自认是否还有拘束力？这就是问题的实质所在。根据《民事证据规定》，法院如果查明自认事实与案件的事实不一致时，自认无效。因此，该自认是否会被推翻，主要还是看法院是否愿意对该事实进行调查，并且作出自认事实与案件事实不符的结论。如此一来，法官就有较大的自由裁量权。在本案中，再审法院没有回应再审申请人对自认的事实进行调查的要求，自然也就不存在自认事实是否符合真实的问题。

这里还涉及另一个问题，即在该事实与再审事由有关时，在再审审查事由的审查阶段，法院是否会依职责对此进行审理和调查。这一问题依然与再审的这一阶段是否为诉讼阶段的认识有密切的关系。

第九章

证据的收集

chapter 9

🔵 要点速览

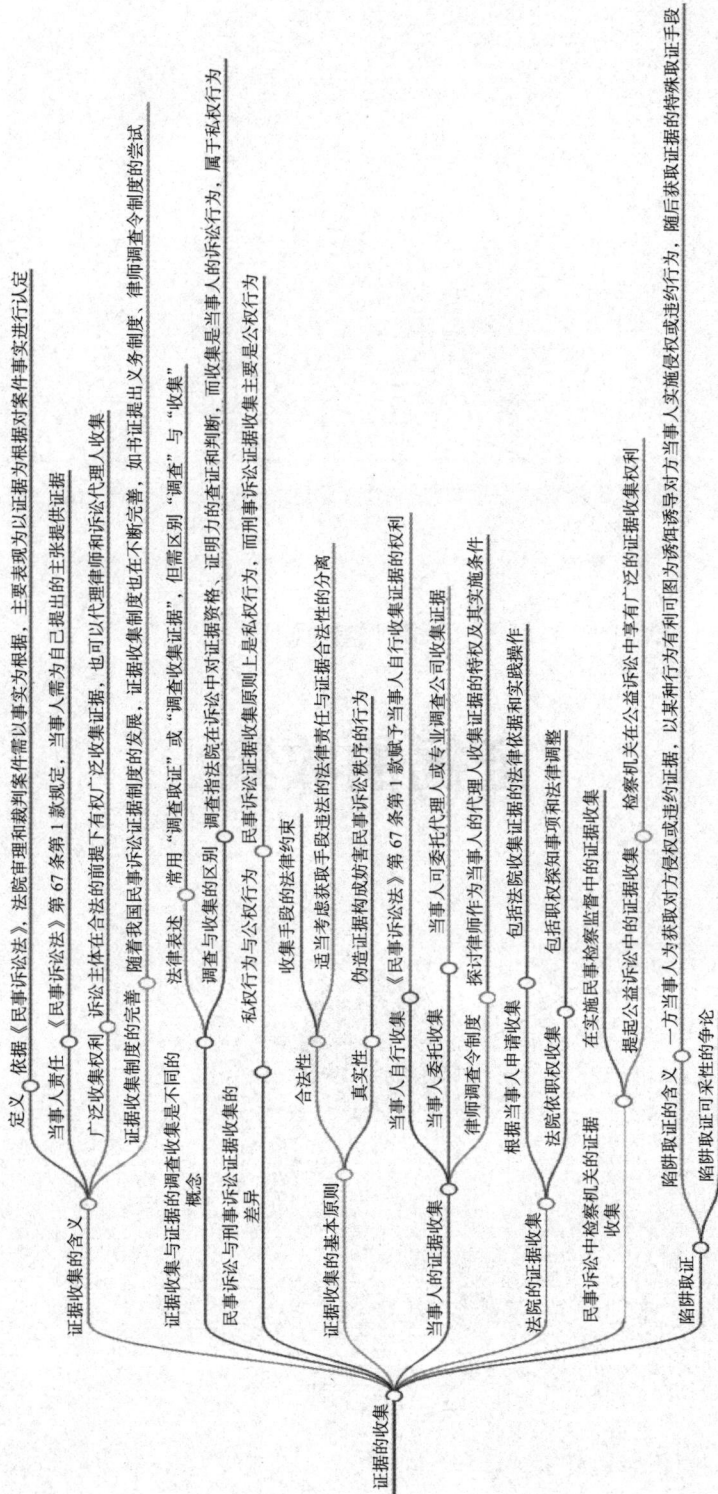

证据的收集

- **证据收集的含义**
  - 定义：依据《民事诉讼法》，法院审理和裁判案件需以事实为根据，主要表现为以证据为根据对案件事实进行认定
  - 当事人责任：《民事诉讼法》第 67 条第 1 款规定，当事人需为自己提出的主张提供证据
  - 广泛收集权利：诉讼主体在合法的前提下有权广泛收集证据，也可以代理律师和诉讼代理人收集

- **证据收集与证据调查收集是不同的概念**
  - 证据收集制度的完善：随着我国民事诉讼证据制度的发展，证据收集制度也在不断完善，律师调查令制度的尝试
  - 法律表述：常用"调查取证"或"调查收集证据"，但需区别"调查"与"收集"
  - 调查与收集的区别：调查指法院在诉讼中对证据资格、证明力的查证判断，如书证提出义务制度，而收集是当事人的诉讼行为

- **民事诉讼与刑事诉讼证据收集的差异**
  - 私权行为与公权行为：民事诉讼证据收集原则上是私权行为，而刑事诉讼证据收集主要是公权行为
  - 收集手段的法律约束

- **证据收集的基本原则**
  - 合法性：适当考虑获取手段违法违反法律责任与证据合法性的分离
  - 真实性：伪造证据构成妨害民事诉讼的行为

- **当事人的证据收集**
  - 当事人自行收集：《民事诉讼法》第 67 条第 1 款赋予了当事人自行收集证据的权利
  - 当事人委托收集：当事人可委托代理人或专业调查公司收集证据
  - 律师调查令制度：探讨律师作为当事人的代理人收集证据的特权及其实施条件

- **法院的证据收集**
  - 根据当事人申请收集：包括当事人申请收集的法律事项和法律调整
  - 法院依职权收集：包括职权探知等诉讼权利

- **民事诉讼中检察机关的证据收集**
  - 在实施公益诉讼中的证据收集：检察机关在公益诉讼或或违法违纪中
  - 提起公益诉讼的证据收集权利：检察机关在公益诉讼中有广泛的证据收集权利

- **陷阱取证**
  - 陷阱取证的含义：一方当事人为获取对方取证方侵权证据，以某种行为有利可图为诱饵诱导对方当事人实施侵权或违法行为，随后获取证据的特殊取证手段
  - 陷阱取证可采性的争论

用证据说话，以证据为根据确定案件事实，首先需要有证据，因此，如何获得证据是诉讼胜败的关键。对当事人及律师而言，如何有效、合法地收集证据也是一门技术和艺术。

一、证据收集的含义

根据《民事诉讼法》的规定，法院审理和裁判案件应当以事实为根据，所谓以事实为根据集中体现为以证据为根据对案件事实作出认定。因此，在民事诉讼中，当事人为了证明自己的事实主张或反驳对方的事实主张都将全力以赴收集对己有利的各种证据。

《民事诉讼法》第 67 条第 1 款规定，当事人对自己提出的主张，有责任提供证据。

同时，《民事诉讼法》赋予了诉讼主体在合法的前提下广泛收集相关证据的权利。

当事人不仅可以自行收集证据，也可以委托代理人收集证据。

《民事诉讼法》第 64 条规定，代理诉讼的律师和其他诉讼代理人有权调查收集证据。

《民事诉讼法》第 67 条第 2 款规定，当事人及其诉讼代理人因客观原因不能自行收集的证据，或者人民法院认为审理案件需要的证据，人民法院应当调查收集。《民事诉讼法》第 70 条第 1 款规定，人民法院有权向有关单位和个人调查取证，有关单位和个人不得拒绝。

随着我国民事诉讼证据制度的发展，证据收集制度也在不断完善，例如，书证提出义务制度、律师调查令制度也在尝试之中。

根据我国《民事诉讼法》的规定，人民检察院有权对民事诉讼和民事执行活动实行法律监督，因此为了实现法律监督，人民检察院也有权收集证据。另外，人民检察院作为国家法律监督机关也可以提起公益诉讼，在其提起和实施的公益诉讼中，人民检察院也有权收集证据。

二、证据收集与证据的调查收集是不同的概念

在法条表述和实践中，人们常常使用"调查取证"或"调查收集证据"这种表述。《民事诉讼法》第 70 条中就有"人民法院有权向有关单位和个人调查取证"这样的表述。《民事诉讼法》第 64 条也规定，代理诉讼的律师和其他诉讼代理人有权调查收集证据。人们在使用调查取证或调查收集证据这样的表述时，将"调查"作为

"取证"或证据收集的手段或前提。"调查"在这里的含义是了解获取有关证据所在及状态的手段、方法。应当注意的是，在域外，"证据调查"或"调查证据"有特定的含义，是指法院在诉讼中对证据资格、证据的证明力进行查证和判断的过程。例如，证人询问就是对证人这种证据方法的调查，相当于我国《民事诉讼法》第 67 条第 3 款后段规定的法院应当"审查核实证据"或《民事诉讼法》所规定的质证、认证过程。

为了正确适用民事证据制度，在《民事诉讼法》上应当将"调查"与"收集"加以区别使用。混同或连接会导致人们不仅误读这两个概念的含义，也对域外证据调查制度产生错误理解，从而将两种不同性质的行为混淆起来。在民事诉讼中收集证据的行为多数情形下就是当事人的诉讼行为，即私权行为，而证据调查则应是法院对当事人收集提出的证据在特定的程序中，进行甄别、核查、质证，以确定真伪的行为，是一种公权力行为，是法院独享的一种权力，当事人以及其他非审判主体不存在证据调查的权力。法院证据调查权的行使，在法律上都有相关的规定和程序。原则上，证据调查是必须公开的，即使法官在庭外进行的证据调查也应当将过程和结果予以公开。当事人及律师为了查明案件事实真相对案件情况的了解以及对相关信息的收集不是证据法上的证据调查。对证据收集和证据调查的区分，有利于我们更好认识和规范不同的行为，尤其是对证据调查的规范和相关制度的建构。因此，将证据调查与证据收集加以区分有其积极意义。建议今后法律在修改时在表述上不再使用调查取证的概念。人们在认识域外证据制度或理论时也要特别注意其证据调查的含义，以免误用。

三、民事诉讼证据收集与刑事诉讼证据收集的差异

与刑事诉讼证据收集相比较，民事诉讼证据收集是一种私权行为，刑事诉讼的证据收集主要是一种公权行为。这是民事诉讼与刑事诉讼在证据方面最大的不同。

民事诉讼的证据收集原则上是一种私权行为，公权力原则上不予介入。民事诉讼是为了解决平等当事人之间的民事权利义务争议，因此，双方当事人对自己提出的事实主张有责任提供证据加以证明，这也是民事诉讼当事人自我责任的体现。因此，民事诉讼的证据收集主要依赖于当事人通过私权的行使在合法前提下收集证据。当事人只有在特殊情形下才可以向法院申请，由法院收集证据。虽然我国《民事诉讼法》规定，法院可以依职权主动收集证据，但这种依职权收集证据的行为受到严格的限制。在当事人没有申请的情形下，理论上也不主张法院享有主动收集证据的权力，因为这种职权收集证据的行为容易影响法院裁判的中立。

在刑事诉讼中，证据的收集主体虽然包括公安机关、检察机关、行政执法机关，也包括自然人、法人和组织，但在诉讼中指控被告犯罪的事实的证据是由公安机关、检察机关所收集的。指控犯罪的证据是通过这些机关行使公权力来实现的。正是这一特征，使得

《民事诉讼法》和《刑事诉讼法》各自对证据收集以及证据的运用有不同的规范要求。最为突出的就是，对传闻证据以及非法取得证据的排除方面有所不同。刑事诉讼绝对排除传闻证据以及非法取得的证据，而在民事诉讼中传闻证据和某些非法取得的证据也可能具有可利用性。

四、证据收集的基本原则

无论当事人自行收集证据、当事人的律师收集证据，还是法院根据当事人申请收集证据或依职权收集证据以及检察机关收集证据，都应当坚持证据收集的合法性和真实性两大基本原则。

1. 证据收集的合法性

根据合法性原则，当事人及其他机构收集证据都不得违反法律的规定。收集证据中行为人的行为触犯法律的，将承担相应的法律责任。

民事诉讼中，需要讨论的是获取证据的手段的违法是否会导致证据不具合法性的问题。如果根据刑事诉讼的"毒树之果"的观点，手段的违法将导致所获得的证据也不具有合法性，不能在诉讼中利用，不能作为证明案件事实的证据。"毒树之果"的观点在于通过否定违法获得的证据的合法性，防止人们为了获得证据而采取违法行为。因此，刑事诉讼中为了防止公权力机关以违法手段获取证据，实行非法证据排除规则。在民事诉讼中是否实行"毒树之果"的原则，涉及违法获取证据与发现真实、权利维护之间的衡平关系问题。在违法程度不高，没有其他方法可以获取证据以证明被侵权的事实，基于维护自己的合法权益的目的可以适当考虑获取手段违法的法律责任与证据合法性的分离，或者轻微的违法不影响该证据的有效性，承认其证据资格或能力。

2. 证据的真实性

证据的真实性要求当事人以及其他机构在收集证据时，应当客观地、实事求是地收集证据，不得伪造证据。在实践中，由于对胜诉利益的追求，当事人在收集证据时为达到自己的目的常常可能在证据收集中伪造各种证据。毫无疑问，伪造证据的行为严重地妨害了司法公正，是性质恶劣的违法行为。具体到《民事诉讼法》上，伪造证据的行为构成了妨害民事诉讼秩序的行为。根据《民事诉讼法》第 114 条的规定，伪造证据、指使、贿买、胁迫他人作伪证的，人民法院可以根据情节轻重予以罚款、拘留；构成犯罪的，依法追究刑事责任。

五、当事人的证据收集

（一）当事人自行收集证据

《民事诉讼法》第 67 条第 1 款规定，当事人对自己提出的主张，有责任提供证据。该条即为当事人举证责任或证据提出责任。《民事诉讼法》通过对当事人举证责任的设置，促使当事人尽可能提出能够证明自己事实主张的证据。由于当事人双方利益和诉讼地位的对立，在许多情形下，有助于判明案件事实的证据会被双方提出来，法院可以通过双方提出的证据判明原告的诉讼请求是否成立、被告的反驳主张是否成立，并由此作出裁判。由于存在举证责任，《民事诉讼法》就必须赋予当事人自行收集的权利。在符合法律规定的情形下，当事人有权利获得自己所需要的所有证据。只有如此，法院的裁判才能尽可能建立在案件事实的基础之上，以达到实现实质公正的目的。

（二）当事人委托收集证据

除了当事人自己收集证据，当事人也可以委托自己的代理人或其他人收集证据，其中包括委托专业的调查公司收集证据。基于现代纠纷的复杂性、诉讼的专业化，获取信息的手段呈现出专业化、职业化的趋势。人们对委托证据收集的需要也越来越高。

当事人委托他人包括专业调查公司或机构收集证据在实践中的法律问题是，当受委托人或专业调查公司或机构在收集证据中构成侵权时，委托人的法律责任问题。由于是委托关系，委托人就受委托人的侵权行为不会承担法律责任，但如果委托事项和内容与侵权后果有关，委托人与受委托人构成连带侵权关系，须承担连带责任。

（三）律师调查令制度

1. 律师调查令的缘起

律师作为当事人的代理人，其收集证据是为了当事人的利益，指利用律师的专业法律知识和技能收集证据，是当事人收集证据手段的延长。此处所要讨论的是，律师作为法律共同体的成员、具有特定执业要求的法律专业人士，是否应当具有不同于当事人的证据收集特权。这一特权集中体现为民事证据收集令制度，人们习惯称其为"调查令"。但因为该令状的内容实际上与调查无关，就是收集证据，所以将其称为"证据收集令"更为妥当。

关于"调查令"的概念和制度的起源，因缺乏详细的资料，无从考据。现有的多数论文是在比较法研究的基础上予以论述的，大致认为我国民事证据调查令系参考英美法系的证据开示程序和大陆法系的文书提出义务制度创设。但是"调查令"这一表述为国内所使用。这种表述可能与习惯使用的"收集调查"这一表述有关，在习惯上收集和调查往往是同义的。英美法系有"ad inquirendum"和"writ of inquiry"的说法，在语义上与此相似，但前者是指中世纪法律中要求对与未决案件有关的任何情况进行调查的令状，后者是指签发给郡长命令其在 12 人陪审团的协助下对原告的诉讼请求进行调查并对其损害进行评估的普通法令状。在英美法系目前适用的令状体系中并不存在"调查令"这一表述。

在 20 世纪末，基于审判方式改革、强化当事人的举证责任的司法导向，同时为了解决当事人收集证据难，以及法院证据收集有碍中立（例如对法院收集的证据的质证就可能存在对证据合法性和正当性的预设问题，使得质证本身难以中立地进行）和证据收集成本的问题，一些人主张借鉴有些国家和地区的相关制度，设立民事证据调查令制度。

　　一些地方法院，如上海的一些基层法院，在 21 世纪初也开始尝试民事证据调查令制度。民事证据调查令主要是想依赖具有专业知识、技能和执行资质的律师群体，使证据的收集可以在一定职业操守的制约之下，能够规范地实施，同时可以避免法院直接介入证据收集。虽然《中华人民共和国律师法》第 35 条规定，律师有权调查收集证据，但《民事诉讼法》第 64 条也规定，代理律师有权调查收集证据，但是由于缺乏有力的制度支持，因此律师在证据收集方面与一般当事人并没有区别。

　　实践中，民事证据调查令制度的具体运作程序是，律师向管辖案件的法院申请证据调查令，法院审查后，认为有必要进行证据收集时，发放证据调查令，证据调查令中写明要收集的特定证据，然后由律师持证据调查令实施证据收集行为。在性质上，证据调查令因为是法院签发的，具有权力属性，源于国家的公权力，所以，如果持有或保管证据的机关单位、团体、组织、国有企业无正当理由拒不提出，就可能承担相应的法律后果。例如，拒绝提出相关证据资料的行为可以构成妨害民事诉讼的行为，适用《民事诉讼法》规定的强制措施。证据调查令的适用范围之所以限于民事案件，是因

第九章　证据的收集

241

为刑事案件涉及诸多敏感问题，如辩护律师与公安机关、检察机关的关系问题。2016年重庆市高级人民法院出台《关于在民事诉讼中试行律师调查令的意见》，试行律师调查令制度。2020年修订该意见，使得律师调查令制度进一步得以完善。

虽然自21世纪以来，一些地方法院已经试行民事证据调查令制度，但由于《民事诉讼法》并没有相关规定，《民事诉讼法》的修改也没有接纳民事证据调查令制度，因此民事证据调查令制度缺乏《民事诉讼法》的直接支持，民事证据调查令制度难以有效实施。该制度的关键在于义务人拒不履行民事证据调查令的义务时应当承担什么后果的问题。目前采用的是将律师调查令视为法院证据收集手段的延长方法，不履行其义务者构成妨碍民事诉讼的行为，并承担相应的后果。另外，人们也担心如果赋予了民事证据调查令法律效力，是否可能导致民事证据调查令的滥用问题。在防范机制方面，重庆市律师调查令制度借用了《民事诉讼法》关于规制妨害民事诉讼行为的规范。

2. 如何防止律师令的滥用律师适用的一般条件

要想防止滥用民事证据调查令，需要在程序上有相应的制度设置。例如，民事证据调查令申请的形式（书面形式）、条件（证据的相关性、必要性、证据对象的特定化）；法院对申请理由的审查及期限；对驳回申请的异议权及程序；对方当事人提出异议及异议期限；民事证据调查令的裁决方式及格式要求；民事证据调查令的撤回；民事证据调查令的实施；妨碍民事证据调查令实施的法律后果或法律责任等。可以说，民事证据调查令制度的构建并非一个简单的问题。

民事证据调查令制度所解决的问题实质上是当事人获取证据的问题。但解决这一问题实际上并非只有证据调查令一种路径。书证提出义务制度也是一条解决这一问题的路径，尤其书证提出义务制度本身就是一种证据获得的有效方法。

书证提出义务制度作为一种解决这一问题的方法在适用大陆法系的国家和地区已经比较成熟且行之有效了。书证提出义务制度不仅可以解决对方持有书证的提出问题，也可以解决书证为第三人持有的问题。国家机关持有或保管的书证可以通过政府信息公开制度实现。如此，就涉及在证据收集的国家介入方面，证据调查令制度与其他制度的选择问题。证据调查令制度需要有成熟的律师制度作为保障，没有成熟的律师制度作为保障，证据调查令制度恐怕难以正当、有效地实施。这也许就是立法者最终在该制度已经实践后依然没有在法律上予以认同的原因。当然，由于《民事诉讼法》立法的滞后，其他制度如书证提出义务制度等也没有在《民事诉讼法》中规定，只是在《民诉解释》第112条中有原则性规定。如果《民诉解释》将书证提出义务制度具体化，使其具有可操作性，那么，民事证据调查令制度是否还有必要设置就是一个值得讨论的问题。如果证据调查令涉及书证，则与书证提出义务命令重合。如果证据调查令限于书证之外证据的调查，则如何协调物证与物权的关系问题值得慎重对待。

附：《重庆市高级人民法院关于在民事诉讼中试行律师调查令的意见》

关于在民事诉讼中推行律师调查令的意见

（2020 年修订）

第一条　为切实保障民事诉讼当事人依法行使诉讼权利，充分发挥律师依法调查收集证据的作用，便于人民法院在审判程序中准确认定事实，根据《中华人民共和国民事诉讼法》《中华人民共和国律师法》《最高人民法院关于适用〈中华人民共和国民事诉讼法〉的解释》《最高人民法院关于民事诉讼证据的若干规定》等法律、司法解释的相关规定，制定本意见。

第二条　申请调查收集的证据包括由有关单位或个人保存，与案件事实直接相关且当事人及诉讼代理律师因客观原因无法自行收集的书证以及电子数据、视听资料等。

律师调查令制度的实施不影响诉讼代理律师根据《民事诉讼法》《律师法》相关规定自行调查收集证据的权利。

第三条　各级相关单位及其下设或由其管理的机构应当积极配合持令律师调查取证。

第四条　申请律师调查令应当提供以下材料：

（一）律师调查令申请书；

（二）授权委托书；

（三）律师事务所函或法律援助机构出具的函件；

（四）代理律师的律师执业证复印件。

前款列明材料已提交的无需再次提交。

第五条　律师调查令申请书应载明下列内容：

（一）代理律师姓名、性别、律师执业证编号和所属律师事务所名称、联系方式；

（二）当事人姓名或名称、案由、案号；

（三）接受调查人的姓名或者单位名称、住所地等基本情况；

（四）拟调查证据的名称、内容、拟证明的事实；

（五）律师不能自行收集或调取证据的理由；

（六）需要说明的其他内容。

第六条　律师调查令的申请应当在案件受理后举证期限届满七日前提出。

第七条　人民法院接到申请后，由合议庭、独任法官负责对申请人的资格、申请的理由、申请是否在规定期限内、申请调查证据的范围及与案件的关联性等进行审查并决定是否签发律师调查令。

人民法院应当在接到申请之日起七日内决定是否签发律师调查令。发现申请人未提供本意见第四条规定内容的，应当中止审查，并一次性告知申请人在七日内补正全部缺失内容，逾期未补正的不予签发。申请人在期限内补正的，人民法院应当恢复审查。

申请人申请的证据名称或内容不明确的，人民法院不予签发。经审查决定不予签发的，应当书面或口头告知申请人并说明理由。

第八条　律师调查令应当载明下列内容：

（一）案件编号和律师调查令编号；

（二）当事人姓名或名称；

（三）律师姓名、性别、律师证编号和所在律师事务所名称；

（四）接受调查单位名称或个人姓名；

（五）需要调查收集的证据；

（六）律师调查令的有效期间；

（七）签发人签名、签发日期和院印。

第九条　人民法院向代理律师签发律师调查令时，应当一并签发律师调查令回执、使用须知和保密须知。

第十条　律师调查令的有效期限可以根据调查需要、案件复杂程度等确定，最长不得超过十五日。持令律师应当在律师调查令载明的有效期限内完成调查取证事项。期限届满，律师调查令自动失效。

因不可抗力或者其他特殊情形不能在有效期内完成调查的，在障碍消除后五个工作日内，代理律师可以向人民法院申请重新签发律师调查令。

第十一条　律师调查令应当由律师调查令载明的任一律师保管、使用。

持令律师应当主动向接受调查人出示律师执业证和律师调查令，并将律师调查令交接受调查人保存。

第十二条　律师调查令不适用于下列证据材料的收集和调取：

（一）涉及国家秘密、商业秘密或者个人隐私的；

（二）证人证言；

（三）法院生效案件卷宗材料；

（四）仲裁案件卷宗材料；

（五）破产申请审查阶段被申请人的财产、债权债务状况；

（六）与待证事实不具关联性或非必要性的信息；

（七）不为接受调查人占有、保管、控制的证据；

（八）其他不宜由诉讼代理律师持律师调查令调查收集的证据。

第十三条　律师调查令不得以对方当事人为调查对象。

第十四条　接受调查人应当积极配合持令律师的调查工作。对律师调查令核对无误后，应当根据律师调查令确定的调查内容及时提供有关证据，在回执上注明材料的名称、页数等，由持令律师、参与调查的律师和接受调查人签字捺印或者盖章。

接受调查人出具的证据材料为复印件的，应注明"本件与原本核对无异"字样。

接受调查人不能按时提供或无证据材料提供的，应当在律师调查令回执中注明原因。律师调查令确定的调查内容以外的事项，接受调查人有权拒绝提供。

第十五条　持令律师应当对调查过程中知悉的证据及信息保密。

第十六条　持令律师应当在律师调查令有效期届满之日起七日内将持令获取的全部证据、信息以及接受调查人填写的律师调查令回执提交人民法院。

持令律师因故未使用律师调查令的，应当在律师调查令有效期届满之日起七日内将律师调查令交还人民法院并书面说明原因。

第十七条 通过律师调查令调查收集的证据限人民法院诉讼使用。需经法定程序质证后，才能作为人民法院认定案件事实的依据。

第十八条 接受调查人无正当理由拒绝或妨碍持令律师调查取证的，持令律师应当及时向签发调查令的人民法院报告情况。人民法院可以向接受调查人发出限期纠正的司法建议，也可视情节轻重，依照《中华人民共和国民事诉讼法》第一百一十四条的规定以及其他有关规定予以处罚。

有协助调查义务的单位和公职人员拒不接受调查的，人民法院可以向监察机关或者有关机关提出予以纪律处分的司法建议。必要时，可以向当地党委、政府及有关部门通报情况。

第十九条 存在以下情形之一的，人民法院应视情节对持令律师予以训诫、罚款，建议司法行政机关或律师协会对其予以行政处罚或行业惩戒；构成妨碍民事诉讼行为的，依照《中华人民共和国民事诉讼法》第一百一十一条规定，根据情节轻重予以罚款、拘留；情节特别严重构成犯罪的，依法追究刑事责任。

（一）伪造、变造律师调查令的；

（二）伪造、变造、隐匿、毁灭持律师调查令收集的证据的；

（三）擅自泄露、散布持律师调查令收集的证据的；

（四）利用持律师调查令收集的证据对案件进行歪曲、不实、有误导性的宣传，影响案件办理的；

（五）利用持律师调查令收集的证据诋毁对方当事人声誉的；

（六）其他滥用律师调查令的情形。

律师事务所未尽到管理义务导致律师出现上述情形的，人民法院可以建议司法行政机关或律师协会给予行政处罚或行业惩戒。

第二十条　重庆市高级人民法院统一制定律师调查令样式，建立重庆法院律师调查令信息管理系统；各级法院对本院签发的律师调查令实行统一编号管理。

第二十一条　刑事附带民事诉讼中律师申请调查令的，参照本意见执行。

第二十二条　本意见与最高人民法院之后颁布的司法解释不一致的，以最高人民法院司法解释为准。

第二十三条　本意见自发布之日起施行。

六、法院的证据收集

（一）根据当事人申请的证据收集

1982 年制定的《民事诉讼法（试行）》第 56 条第 2 款就规定："人民法院应当按照法定程序，全面地、客观地收集和调查证据。"按照这一规定，法院收集证据既然要做到"全面""客观"，就自然不可能受当事人对证据事实主张的限制。也就是说，即使没有当事人收集证据的申请，法院也可以根据自己的需要主动收集和调查证据。

其职权主义的特征主要体现在，法院可以以自己收集、调查的证据作为裁判的依据。

1991 年的《民事诉讼法》受诉讼理念转变的影响，对法院依职权收集证据的规定进行了修改，将"人民法院应当按照法定程序，全面地、客观地收集和调查证据"，改为"当事人及其诉讼代理人因客观原因不能自行收集的证据，或者人民法院认为审理案件需要的证据，人民法院应当调查收集。人民法院应当按照法定程序，全面地、客观地审查核实证据"。该条保留了法院收集证据的两种类型——根据当事人申请收集证据和法院依职权收集证据。这也使得我国民事诉讼体制依然维系了一定的职权主义特征。

《民事诉讼法》规定当事人及其诉讼代理人出于客观原因不能自行收集证据时可以申请法院收集证据，这与我国特有的法制环境有关。这里所说的客观原因主要是相关资料管理制度上的原因。由于政府信息公开制度尚未建立或完善，当事人很难阅览和收集一些由政府机构保管的资料。另外，还有一些由商业机构和组织所管理的资料也因为当事人的社会地位难以获取。因此，作为国家司法机关的人民法院可以利用其权力更方便地从政府机构、商业机构和有关组织那里获得资料，提供给当事人。这与传统的组织信任或单位信任心理习惯有关。这种根据当事人的申请收集证据的行为实际上是一种广义的法律援助行为。

根据当事人的申请收集证据的做法，在一定程度上的确有助于解决当事人证据收集难的问题，有利于发现真实。但法院根据当事人申请收集证据也会导致当事人过分依赖法院，使得法院负担增加，同时可能偏离裁判中立，成为当事人诉讼的工具。因此，为了避免这两点，在制度设计上必须对其范围和条件予以限定。真实发现目的的实现也要受制于其他价值的制约。

《民诉解释》对其范围予以修正。该司法解释第94条第1款对《民事诉讼法》第67条第2款规定的当事人及其诉讼代理人因客观原因不能自行收集的证据界定为：

（1）证据由国家有关部门保存，当事人及其诉讼代理人无权查阅调取的；（2）涉及国家秘密、商业秘密或者个人隐私的；（3）当事人及其诉讼代理人因客观原因不能自行收集的其他证据。

该解释中有异议的是，涉及国家秘密、商业秘密或者个人隐私的证据，当事人是否能申请法院收集。法院即使有权收集涉及国家秘密、商业秘密、个人隐私的证据，也无权将之交给申请的当事人。因为一旦让当事人接触涉及国家秘密、商业秘密或个人隐私的证据资料，就可能涉嫌泄露国家秘密、商业秘密，侵犯个人隐私。

在诉讼中，应由法官根据具体情形判断当事人不能自行收集证据的"客观原因"。总体而言，考虑到法院负担以及裁判中立的问题，其解释应当是限制性的。

（二）法院依职权的证据收集与职权探知事项

根据《民事诉讼法》第67条第2款后段的规定，人民法院认为审理案件需要的证据，人民法院应当调查收集。从民事诉讼体制理论的角度看，这是我国民事诉讼体制职权主义的例证。由于这一规定有可能偏离裁判中立，因此，《民诉解释》对《民事诉讼法》规定的法院依职权收集证据进行了限定。《民诉解释》第96条规定，《民事诉讼法》第67条第2款规定的人民法院认为审理案件需要的证据包括：（1）涉及可能损害国家利益、社会公共利益的；（2）涉及身份关系的；（3）涉及《民事诉讼法》第58条规定诉讼的；（4）当事人有恶意串通损害他人合法权益可能的；（5）涉及依职权追加当事人、中止诉讼、终结诉讼、回避等程序性事项的。

  《民诉解释》比较明确地划定了法院应当依职权收集的证据范围，如涉及社会公共利益、涉及身份关系、涉及《民事诉讼法》第58条规定的公益诉讼、当事人恶意串通损害他人合法权益的、涉及依职权追加当事人、中止诉讼、终结诉讼、回避等程序性事项的。这些事项可分为两大类：一类是涉及当事人之外的利益，包括公共利益和第三人利益；另一类是程序性事项。这些事项都属于法院可以依职权进行探知的事项。当事人主义的诉讼体制和约束性辩论原则坚持的是将当事人可处分的事项与非当事人处分的事项加以区分，以便处理民事诉讼中当事人与法院的基本关系。因此，我们在界定法院依职权收集证据的合理范围时需要正确区分职权探知事项与非职权探知事项，否则会导致法院的职权干预，冲击约束性辩论原则。按照约束性辩论原则的基本要求，法院不得将当事人没有提出的证据作为判决的依据。这主要是针对非程序性事项以及不涉及公共利益和身份关系的诉讼。

（三）法院收集证据的程序要求与实施

法院收集证据，既可以由法官实施，也可以由书记员或其他司法辅助人员实施。从合理性角度考量，证据收集的实施及其结果应尽快告知双方当事人。

特别提示

虽然《民事诉讼法》规定当事人在收集证据方面存在困难时可以向法院申请由法院收集证据，但基于"案多人少"和裁判中立的要求，法院的证据收集仅限于特殊情形下的民事诉讼，对于一般的民事诉讼，当事人还是应当尽可能自己收集证据或借助其他证据收集机制，如书证提出义务命令制度、律师调查令等收集证据。收集证据不仅要考虑程序法方面的有关规定，也要注意实体法的相关规定，借助实体法的权利更有效地收集证据。

七、民事诉讼中检察机关的证据收集

1. 检察机关在实施民事检察监督中的证据收集

我国《民事诉讼法》规定了检察机关在民事诉讼（包括民事执行）中的检察监督职能。《民事诉讼法》第 14 条规定，人民检察院有权对民事诉讼实行法律监督。《民事诉讼法》第 242 条还规定，人民检察院有权对民事执行活动实行法律监督。要实现检察机关对民事诉讼的检察监督职能就必须赋予检察机关实现检察监督的权力（权利）。这些权利中的一项基本权利就是收集证据权利。这在逻辑上应该没有问题。但人们争论或异议的问题是，在一般的民事诉讼（除身份关系的诉讼）中，检察机关是否应当具有以公权力手段获取证据的权力。这一问题与在民事诉讼中检察机关是否有必要实施监督的这一基本问题联系了起来。

按照一般民事诉讼的特点，当事人是平等的民事主体，围绕着民事权利（私权）义务发生争议，对于这种争议的解决，法院作为裁判的中立者只能消极地在当事人自己主张的范围内，根据事实主张以及相应的证据作出裁判，国家不能进行干预。据此，作为国家机关的检察机关也就没有必要进行干预。如果没有必要干预，检察机关也就没有必要享有证据收集的权力。相反，一旦检察机关介入平等当事人之间的民事诉讼，则不可能否定检察机关拥有收集证据的权力，如果检察机关作为公权力机关动用公权力收集证据，势必要打破一般民事诉讼当事人的诉讼平等，也就形成了另一种国家干预。当然，根据我国《中华人民共和国宪法》和《民事诉讼法》的规定，检察机关有权对民事诉讼进行监督。这就是涉及对检察机关对民事诉讼进行监督的理解问题。检察机关的监督是一种广泛的监督，还是针对特殊诉讼类型的监督？如果是针对特殊诉讼类型，如关于身份关系的诉讼、涉及国家利益、公共利益诉讼的监督，那么检察机关收集证据的权力也就只能限于这些诉讼之中。

2. 检察机关提起的公益诉讼中的证据收集

根据《民事诉讼法》第 58 条的规定，对污染环境、侵害众多消费者合法权益等损害社会公共利益的行为，法律规定的机关和有关组织可以向人民法院提起诉讼。

检察机关作为宪法和法律所规定的法律监督机关，应当具有提起环境公益诉讼的权利，这也是学术界较普遍的认识。如果将《民事诉讼法》第 55 条中的"法律规定"理解为，除非具体法律对于检察机关的公益诉讼权能明确加以规定，否则检察机关不能就任何公益诉讼享有提起诉讼的权利。因为目前尚未有法律对此明确加以规定，所以检察机关也无法行使该项职权。在这一点上有一个解释论的问题，如果在政策上我们希望检察机关更多地介入公益诉讼，则可以将《民事诉讼法》此条中的"法律规定的有关机关"理解为法律对其基本监督职能予以规定的那些机关，也就是说，只要宪法上对检察机关的法律监督职能作了规定，也就没有必要在其他相关的法律法规中一一加以规定。是否需要检察机关更多地介入，也涉及检察机关的检察监督的范围和实际应对能力的问题。在应对能力方面，一旦开放检察机关的公益诉权，检察机关是否能够有效应对是一个必须面对的现实问题，尤其是在环境公益纠纷不断增加的情形下。有学者认为，在现有法律制度框架内，检察机关以直接起诉的方式维护公共利益缺乏明确、直接的法律依据，也很难通过法律解释的方法使这种"司法实验"具有合法性。因此主张检察机关通过督促起诉、支持起诉的方式来推动公益诉讼程序的启动，在推动无效的情形下才直接起诉，即所谓"间接型"。也有学者直接反对检察机关具有公益诉讼原告资格，认为对于社会公共利益已经有其他国家机关行使职权加以维护，检察机关的介入没有必要。这一问题涉及检察监督职能的深层问题。不过，根据党的十八届四中全会的决定，检察机关提起公益诉讼已得到政策支持，检察机关也在积极推进提起公益诉讼的制度建构和实践活动。

在检察机关提起的公益诉讼中，检察机关当然享有证据收集的权利（权力）。需要讨论的是检察机关收集证据权利的范围问题。这一问题与检察机关提起公益诉讼的地位有关。在检察机关提起的公益诉讼中，检察机关是公益诉讼的适格原告——公益诉讼的当事人，因此，检察机关在其提起的公益诉讼中就享有广泛的证据收集的权利。检察机关可以广泛收集关于加害人侵害社会公共利益的所有证据，正是由于作为公权力的国家机关的特殊地位才使得检察机关提起公益诉讼具有了特殊的优势，从这一角度来看，检察机关参加公益诉讼，更有利于对社会公共利益的维护。当然，在检察机关提起的公益诉讼中，检察机关的诉讼监督人地位可能就不复存在了。不可能在公益诉讼中将当事人与诉讼监督人的双重身份集于一身。

八、什么是陷阱取证？陷阱取证是非法的吗

（一）陷阱取证的含义

陷阱取证可以分为刑事陷阱取证和民事陷阱取证。通常认为，民事陷阱取证是指一方当事人为了获取对方当事人侵权或者违约的证据，以某种行为有利可图为诱饵，诱导对方当事人实施侵权或者违约行为，待行为人实施或者结果发生后获取证据的特殊取证手段。陷阱取证具有以下特点。

（1）在民事陷阱取证的实践中，当事人一般指派自己的员工或委托律师事务所、普通公民等隐瞒身份进行取证。例如，在知识产权侵权案件中，原告不暴露自己的真实身份，以普通顾客的身份购买侵权产品获取侵权证据。（2）目的是获取对方当事人侵权或者违约的证据。应防止一方当事人假借民事陷阱取证的名义打击竞争对手、进行不正当竞争。（3）民事陷阱取证的对象是另一方当事人。单纯诱导他人提供证据的行为一般属于偷拍偷录的问题，因此，民事陷阱取证的对象不可能是证人，只能是另一方当事人。（4）民事陷阱取证是一种特殊的取证行为。其特殊性在于一方当事人诱导对方当事人实施侵权或者违约行为。[1]

---

① 参见叶青、韩东成：《民事陷阱取证之再探讨——兼论北大方正诉高术软件侵权案的取证方式》，载《政治与法律》2007 年第 5 期。

（二）关于陷阱取证可采性的争论

主张陷阱取证不具有可采性的观点主要基于陷阱取证方式的违法性。陷阱取证违反了诚信原则，且陷阱取证有引诱他人实施违法行为的实际后果，应当属于法律所禁止的行为，因而其获得的证据不具有可采性。

学界多数观点认可陷阱取证的可采性。主要的观点是民事诉讼不同于刑事诉讼，合法性并不等于可采性。即使在某些情形下其取证行为具有轻微的违法性，也基于取证证明的必要性而具有可采性。其主要理由如下。

第一，陷阱取证是自力救济，没有侵害他人的合法权益，不属于非法证据。《民事证据规定》第 68 条规定："以侵害他人合法权益或者违反法律禁止性规定的方法取得的证据，不能作为认定案件事实的依据。"可见，民事非法证据若要被排除必须达到侵害他人合法权益或者违反法律禁止性规定的程度。若仅仅采取诱惑手段进行取证，而没有侵害他人合法权益，也没有违反法律的禁止性规定，其证据应当具有可采性。

这里涉及实践中常见的为取证而购买的行为是否构成引诱他人从事违法活动。如果构成法律所禁止的行为，则收集证据的手段是违法的，其获得的证据不具有可采性。有的人认为两者存在本质上的区别，前者指的是在有充分理由怀疑对方正在从事非法交易的前提下，为了获得确实的证据而与对方交易。"引诱他人从事违法活动"

则是指在未掌握对方实施违法活动的任何证据的情况下，故意以某种利益诱使对方从事违反法律的交易。凡是存在"引诱他人从事违法活动"因素的，不但所获得的证据要证明的事实不能被采信，而且如果涉及对他人权利的侵犯，引诱者还应当承担主要的侵权责任。

第二，对待陷阱取证更宽松的态度体现了法无禁止即自由的私法自治理念。在我国现有的法律框架内，并没有对陷阱证据的证据能力和证明力等方面的问题作出明确具体的规定。基于私法领域法无禁止即自由的理念，只要行为人的行为没有违反法律明令禁止的规定，而仅是在收集证据过程中存在着一些不符合规范或是轻微违法的行为，那么，以这种手段所收集的证据也不应被轻易排除。①

（三）裁判实践的态度

在 1999 年"微软诉亚都"和 2000 年"奥多比诉上海年华侵权案"中，法院均认可了陷阱取证的做法。从打击知识产权领域中的侵权来看，承认陷阱取证的可采性并没有带来消极后果。经过两次诉讼，在电脑市场，盗版受到了遏制。

特别提示

类似陷阱取证的，还有所谓"悬赏取证"、私人侦探取

---

① 参见包冰峰、宋颖：《论民事诉讼中的陷阱取证》，载《西华大学学报（哲学社会科学版）》2015 年第 4 期。

证等取证方法。这类方法同样涉及证据的可采性问题。但无论什么方式，在规范上都应坚持该取证行为是否侵害他人合法权益和违反法律禁止性规定，如果侵害程度较轻，法律上对此行为也没有禁止性规定，则可以从取证的必要程度、取证的目的是否是维护权利人的合法权益等方面综合衡量该证据是否具有可采性，而不能简单地予以否定。违法取得的证据是否具有可采性与诉讼类型和司法政策也有密切的关系。在知识产权诉讼中，陷阱取证的方式得到了认可，这与知识产权领域的司法政策有直接关系。

附：（美国）奥多比公司诉上海年华电脑图文技术有限公司知识产权案

原告：（美国）奥多比公司。

奥多比公司声称对"奥多比排版专家 6.5 版"软件、"奥多比电子照相馆 5.0 版"软件、"奥多比绘图大师 8.0 版"软件等享有著作权。

被告：上海年华电脑图文技术有限公司。该公司从事计算机及附件、工业自动化的技术开发。

一审法院：上海市第一中级人民法院。二审法院：上海市高级人民法院。

原告发现被告涉嫌侵权，为了取证，即以普通消费者身份在被告处购得一台苹果牌计算机。在该计算机中发现其预装了"奥多比电子照相馆 5.0 版""奥多比绘图大师 8.0 版""奥多比排版专家 6.5 中文版"等软件。（美国）奥多比公司以被告在出售的计算机中预装"奥多比"软件的行为侵犯其著作权为由，将上海年华电脑图文技术有限公司告至上海市第一中级人民。

该法院经审理认为：中、美两国均是《伯尔尼保护文学艺术作品公约》的成员国，原告的软件著作权依法应受保护。被告未经许可，非法复制了原告的软件作品，构成侵权。因此，判决：一、被告停止侵害原告享有的"奥多比排版专家 6.5 版"软件、"奥多比电子照相馆 5.0 版"软件、"奥多比绘图大师 8.0 版"软件著作权；二、被告赔偿原告经济损失人民币 15 万元；三、原告的其余诉讼请求不予支持。判决后，被告不服，提出上诉。上海市高级人民法院经审理认为，被告既侵犯了"奥多比排版专家 6.5 中文版"软件的著作权，同时也侵犯了"奥多比排版专家 6.5 版"软件的著作权。据此，判决：维持一审判决第二、第三项判决主文；变更第一项判决主文为被告停止侵害原告享有的"奥多比排版专家 6.5 版"软件、"奥多比排版专家 6.5 中文版"软件、"奥多比电子照相馆 5.0 版"软件、"奥多比绘图大师 8.0 版"软件著作权。本案的事实认定涉及原告获得证据的方法是否合法以及以此方法获得的证据是否具有可采性的问题。最终两审法院均认可了原告以知假买假的方法获得的证据具有可采性。

附件：重庆市律师调查令相关文书样式

附件1：

律师调查令申请书

当事人：

申请人：×××重庆×××律师事务所律师，律师执业证号：×××

接受调查人：×××

请求事项：因×××（原告）诉×××（被告）×××（案由）一案中存在因客观原因不能自行收集证据的情形，特请求你院开具律师调查令，以便申请人能够持律师调查令前往×××调查收集如下证据材料：

一、

二、

三、

事实和理由：

此致
重庆市×××人民法院
重庆×××律师事务所
　年　月　日

附件 2：

重庆市 ××× 人民法院律师调查令

（××××）×××法民令字第 ××× 号

×××（写明接受调查人的名称或姓名）：

我院已受理 ×××（原告）诉 ×××（被告）×××（案由）×××（案件编号）一案，为查明案件事实，根据《中华人民共和国民事诉讼法》相关规定，现本院指定本案诉讼代理人的律师前来你处调查收集相关证据。持令律师：×××，性别：×，律师执业证编号：×××，××× 律师事务所。请在核对持令律师姓名、身份、单位并确认无误后，在指定期限内及时向持令律师提供下列证据材料。不宜提供原件的，可提供复印件；在提供的证据材料上须加盖起证明作用的单位骑缝章，注明材料的总页数并由经办人签章。

1.

2.

3.

重庆市 ××× 人民法院

年　月　日

（院印）

（本律师调查令有效期截止　年　月　日）